Mit weichen Bandagen

Christoph Teege

MIT WEICHEN BANDAGEN

Die Faustformel für außergewöhnlichen Erfolg

Warum „harte Bandagen" langfristig nicht zum Erfolg führen
und was Sie trotzdem von Boxern lernen können.

Mit einem Vorwort von Rüdiger May

Bibliografische Information der Deutschen Nationalbibliothek
Die Deutsche Nationalbibliothek verzeichnet diese Publikation
in der Deutschen Nationalbibliografie; detaillierte bibliografische
Daten sind im Internet über http://dnb.d-nb.de abrufbar.

Satz, Herstellung und Verlag:
BoD – Books on Demand
ISBN 978-3-7392-5454-8

Inhalt

Vorwort Rüdiger May

Rüdiger May (re.) gibt Christoph Teege klare Anweisungen.
©Brainpool/WilliWeber

Mein Bruder Torsten und ich haben als ehemalige Profi-Boxer die Kandidaten des PRO 7-Formats „TV Total Quizboxen" vom Casting bis zu ihren Kämpfen begleitet. Zu Ihnen gehörte auch Christoph Teege, der spätere Super-Champ im Quizboxen.

Christoph Teege entfaltete seine Stärken erst im Verlauf der Kämpfe des „TV Total Quizboxen".

Beim Casting zeigte sich Christoph solide vorbereitet – mit den zu erwartenden technischen Defiziten eines ambitionierten „Hobby-Boxers".

Aber er hatte das, was wir im Boxsport ein „Herz" nennen. Dieses zeigte er in einem Sparring, das ein Teil des Castings war, mit einem unerschrockenen bis wilden Vorwärtsdrang.

Als wir in der Redaktion das Potenzial der Kandidaten einzuschätzen versuchten, waren wir der Meinung, dass Christoph in der Lage sein wird, attraktive Kämpfe zu zeigen. Aber wir glaubten auch, dass sein etwas wilder Stil ihm schon bald zum Verhängnis werden könnte. Spätestens nach dem dritten Sieg zeichnete sich jedoch ab, dass sich Christoph stets verbesserte. Und das lag nicht nur an den verfeinerten Boxtechniken. Der entscheidende Grund seines Erfolges war ein anderer.

Vor den Kämpfen haben wir uns immer wieder beraten, wie er die Auseinandersetzung am besten gestalten könnte. Ich gab meine Einschätzung zum Gegner und die Route vor. Mit jedem Briefing kamen mehr von Christophs Vorschlägen und Vorstellungen ans Licht. Uns zeigte das, wie gut Christoph seine vorherigen Kämpfe und sich selbst analysiert hatte.

In seinem Buch „Mit weichen Bandagen" beschreibt er anschaulich und detailliert, wie sehr das Boxen und das Leben zusammenhängen. Er schildert Situationen, die ich in meinem Leben als Boxer selbst erfahren habe. Mit den richtigen Assoziationen aus dem Boxen lassen sich Zusammenhänge im Leben schnell erkennen und begreifen.

Ich werde immer wieder gefragt, wie man sich einen Boxkampf vorstellen kann. Ich beschreibe es folgendermaßen:

Ein Boxkampf ist wie das Leben. Wenn die Trainingsphase mit all ihrer Härte und Entbehrungen, Erfolgserlebnissen und Zweifeln, aber auch neuer Zuversicht abgeschlossen ist, steigen wir wie neu geboren in den Ring des Lebens.

Und dort wartet dann der Lauf des Lebens auf uns, der alle Facetten bereithält: vom glorreichen Sieg, dem überwältigenden Erfolg bis hin zur desaströsen Niederlage oder kläglichem Scheitern – und allen Nuancen dazwischen.

Wer es richtig angeht ist in der Lage, „mehrere Leben" zu leben. Es gilt, die Zeichen zu erkennen. Dabei kann Ihnen dieses Buch helfen. Doch um die für Sie richtigen Schlüsse ziehen zu können, werden Sie wohl nicht umhin kommen, die Boxhandschuhe überzustreifen und wenigstens ein Mal gegen einen Sandsack zu schlagen.

Starten Sie eine Reise zu sich selbst, denn im Ring werden Sie sich ohne Spiegel sehen können. Und wenn Sie lange genug trainieren, werden Sie im Boxring auch den Kern eines anderen Menschen erkennen können.

Ring frei zur ersten Runde!

Rüdiger May, EU Box-Champion

(Maylife-Boxclub, Köln)

Boxen unter der Leitung von Olympiasieger Torsten May, EU-Champion Rüdiger May und Boxtrainer Uli May. Infos und Kontakt: http://www.maylifeboxclub.de

Von etwas Fitness-Boxen zum
TV TOTAL Quizbox-Weltmeister

Ein gewöhnlicher Tag im August 2012. Ich war dabei, meine Selbstständigkeit weiter auf Erfolgskurs zu bringen. Ein Jahr zuvor hatte ich, entgegen der Meinung von vielen Bekannten, meinen Job als Maschinenbau-Ingenieur gekündigt, um mich als Schnelllese-Trainer und Fitness-Coach selbstständig zu machen. Vieles lief anders als ich es mir vorgestellt hatte. Ich hatte eine Familie zu ernähren, aber meine finanziellen Reserven waren fast aufgebraucht.

Dann kam dieser besagte Tag im August 2012. Mein Handy klingelte – unbekannte Rufnummer. Ich überlegte, ob ich abnehmen sollte. Ich tat es – zum Glück. Am anderen Ende war die Casting-Agentur Mediabolo aus Köln. Eine freundliche Stimme teilte mir mit, dass ich als Teilnehmer für das Quizboxen ausgewählt wurde. Sie verabschiedete sich mit den Worten: „Viel Spaß beim Training, kein Wort an die Presse und wir sehen uns am 18.10.2012 in Köln."

Ich dachte nur: ‚Wie geil ist das denn? Ich bin beim Quizboxen dabei und habe die Chance auf 200.000 Euro.' Ich wusste nicht, ob ich lachen oder weinen sollte. Denn ich hatte auf einen Schlag drei große, noch nie dagewesene Probleme:

Problem Nr. 1:

Im Gegensatz zu „Schlag den Raab", „Wer wird Millionär" und den anderen Quizsendungen wurde das Quizboxen zum ersten Mal produziert. Es gab nichts, woran ich mich orientieren konnte. Ich wusste nicht, wie die Sendung abläuft, welche Themen und welche Quizfragen abgefragt werden.

Problem Nr. 2:

Ich werde im Fernsehen um viel Geld boxen und quizzen – live vor einem Millionenpublikum. Bei dem Gedanken daran spürte ich Herzklopfen, Aufregung und mir schossen tausend Gedanken durch den Kopf: ‚Was passiert, wenn ich mich vor laufender Kamera blamiere? Was sollen dann die anderen Menschen von mir denken?'

Problem Nr. 3:

Ich hab noch nie vorher einen echten Boxkampf bestritten. Ich hatte zum Zeitpunkt der Zusage gerade eineinhalb Jahre Erfahrung im Fitness-Boxen. Mir ging der Arsch auf Grundeis.

War ich naiv oder war ich mutig, mich unter diesen Voraussetzungen dort zu bewerben? Ich weiß es nicht.

Es blieb keine Zeit darüber nachzudenken. Ich musste Boxen lernen und mich auf die Quizfragen vorbereiten. Ich rief meinen Boxtrainer an, berichtete ihm von meinen drei Problemen und erklärte ihm das Format Quizboxen: Es treten zwei Kontrahenten einer „Gewichtsklasse" gegeneinander an. In jeweils zehn Runden wechseln sich das Boxen und die Beantwortung von Quizfragen ab. Wer alle fünf Kämpfe gewinnt, erhält ein Preisgeld von insgesamt 200.000 Euro.

Ich nahm die Herausforderung an, änderte mein Leben (wieder einmal), ließ mich auf das Abenteuer ein, stellte mich dem Kampf und nahm das Risiko der Schmerzen und einer Niederlage in Kauf. Es sollte im Nachhinein eine der besten Entscheidungen werden, die ich je getroffen habe.

Zeitsprung ...

... Gut zehn Monate später, am 31. Mai 2013, war es dann soweit: Der fünfte und letzte Kampf beim Quizboxen. Nur mir war es gelungen, die ersten vier Kämpfe zu gewinnen. Jetzt hatte ich als Einziger die Chance auf den Titel „Superchamp" und die 200.000 Euro Preisgeld. Sie ahnen vielleicht, wie der Kampf ausgegangen ist. Ich konnte auch den letzten

Kampf gewinnen und hatte tatsächlich das gesamte Preisgeld erkämpft. Aber danach ging gar nichts mehr bei mir.

Ich brauchte Ruhe, um die Eindrücke zu verarbeiten. Wahnsinn: Ein Jahr zuvor hätte ich fast Insolvenz anmelden müssen und jetzt hatte ich dieses irre Glück, mir ein finanzielles Polster erkämpft zu haben. Mit dem Geld wurden erst einmal finanzielle Löcher gestopft, das Haus renoviert und viel in meine Weiterbildung investiert. Und für meine knapp einjährige Tochter gab es eine Murmelbahn.

In den darauffolgenden zwei Jahren ist viel passiert. Der Erfolg beim Quizboxen lockte viele Neider und Berater an, die nur „mein Bestes" wollten. Auf manche bin ich leider hereingefallen und habe einiges an „Lehrgeld" zahlen müssen. Ich kann Ihnen sagen: Diese Enttäuschungen sind schmerzhafter als ein Schlag mitten ins Gesicht. Heute würde ich definitiv manches anders machen als damals.

Die vielen Gespräche mit Kunden, Partnern, Bekannten und Freunden haben mir geholfen, die Eindrücke beim Quizboxen zu verarbeiten. Und sie haben mich ermutigt, dieses Buch zu schreiben. Mir werden auch heute noch fast immer die gleichen Fragen gestellt:

1. Wie sind Sie überhaupt zum Boxen beziehungsweise Quizboxen gekommen?
2. Wie sind Sie mit Lampenfieber, Stress und Druck umgegangen? Hatten Sie keine Angst vor den Schlägen oder davor zu verlieren?
3. Haben Sie ein „Erfolgsgeheimnis"?

Um die Antwort auf die letzte Frage vorweg zu nehmen. Nein, ich habe kein Erfolgsgeheimnis. Ich glaube, so etwas gibt es nicht; keine Erfolgsgeheimnisse und keinen Standardweg zum Erfolg. Erfolg ist und bleibt immer etwas Individuelles.

Die Antwort auf Frage Nr. 1 werde ich nur kurz erläutern. Aus den Antworten auf die Frage Nr. 2 ist in den letzten zwei Jahren meine *Faustformel für außergewöhnlichen Erfolg* entstanden.

Außergewöhnlich deshalb, weil es für viele Menschen fast „normal" ist, dass ihre Ziele auf Kosten der Gesundheit erreicht werden. Aus der Zusammenarbeit mit Boxern und den eigenen Erfahrungen im Boxring habe ich gelernt, dass es auch anders geht: **intelligenter, flexibler, gesünder – eben mit „weichen Bandagen".**

Den Begriff „Faustformel" verwende ich aus zwei Gründen:

> ➤ Das Wort „Faust" hat mit Boxen zu tun. Um erfolgreich zu sein, müssen Sie sich durchboxen, also den Schutz der Ringecke aufgeben und sich dem Kampf stellen. Es wird Rückschläge geben, vielleicht holen Sie sich eine blutige Nase, vielleicht gehen Sie auch zu Boden. Vor allem gibt es keine Garantie dafür, dass Sie den Ring als Sieger verlassen werden. Genauso verhält es sich mit dem Erfolg im Job und im Privatleben.

> ➤ „Formeln" gehören zu meinem Tagesgeschäft. In meinem Job als Maschinenbau-Ingenieur habe ich wärmetechnische Berechnungen angestellt: Heute als Fitness-Coach sind es gesundheitliche Berechnungen. Formeln entstehen aufgrund gemachter Erfahrungen gemäß Trial & Error.

Die Faustformel für außergewöhnlichen Erfolg hilft Ihnen dabei,

- trotz hoher Arbeitsbelastung körperlich und mental fit zu bleiben und einen gesundheitlichen K.o. zu vermeiden,
- Grenzen zu setzen und diese gegenüber sich selbst und anderen einzuhalten, um mehr Zeit für Regeneration zu haben,

- Chancen frühzeitig zu erkennen, Risiken abzuwägen und mutig, beherzt und entschlossen die Initiative zu ergreifen,
- noch gelassener mit Rückschlägen umzugehen, **damit Sie zielführende Schritte und Prozesse konsequent umsetzen können.**

Wie gesagt gibt es keine Garantie, dass Sie das Ziel erreichen werden. Einen Garantieschein auszustellen wäre unseriös. Durch die Anwendung der Faustformel erhöhen Sie aber Ihre Gewinnchancen deutlich.

Ich wünsche Ihnen viel Freude bei der Lektüre.
Ring frei!

Herzlichst,
Christoph Teege

Warum „harte Bandagen" langfristig nicht zum Erfolg führen

Ich werde heute oft gefragt, wie ich denn zum Boxen gekommen bin. Das war eine Verkettung von vielen kleinen, glücklichen Zufällen:

Es ist Herbst 2009. Ich sitze in Hildesheim beim Ernährungsberater Daniel Schmahl und lasse eine Stoffwechsel-Analyse durchführen, weil ich mich zu dieser Zeit auf meinen ersten Triathlon, einen Ironman (3,8 Kilometer schwimmen, 180 Kilometer Rad fahren und 42 Kilometer laufen) vorbereitete. Mitten im Gespräch erwähnte er seinen Kooperationspartner Tiemo Dau, Inhaber des „Pankra Gym Hildesheim", Institut für Kampfsport, Fitness und Gesundheit. Ich war neugierig, weil Selbstverteidigung und Kampfsport schon immer eine Faszination auf mich ausübten. Ich meldete mich im Januar 2010 zum Probetraining Krav Maga (Selbstverteidigung) an und wurde Mitglied.

Ein paar Monate später wollte ich das Boxen ausprobieren. Es hat zeitlich gut gepasst, da das Boxtraining fast unmittelbar nach dem Krav Maga Training stattfand. Beim Boxen trainierten erwachsene Männer und Frauen mit ganz „normalen" Berufen: Rechtsanwälte, Ingenieure und Zahnärzte, die nach der Arbeit Stress abbauen wollen. Dazu noch ein paar Jugendliche, die nicht wussten, wohin mit ihrer Kraft. Meine Priorität für 2010 war der Ironman in Glücksburg. Deshalb ging ich nur sehr unregelmäßig zum Boxtraining, weil es nicht optimal in meinen Trainingsplan für den Ironman passte.

Aber nach jedem Boxtraining spürte ich eine kleine Veränderung in meiner körperlichen Fitness und in meinem Selbstbewusstsein. Auf der Arbeit ließ ich mir nicht mehr alles gefallen, ging Konfliktsituationen nicht mehr aus dem Weg und konnte mich in Meetings verbal wehren. Das Boxen hat mir gut getan. Mir war klar, dass ich nach dem Ironman regelmäßig boxen wollte. Dass ich bereits eineinhalb Jahre später selber in einem Ring stehen und um 25.000 Euro kämpfen werde, davon habe ich nicht zu träumen gewagt.

Die Redewendung „Harte Bandagen" kommt aus dem Boxsport und hat eine ganz konkrete Bedeutung. Im alten Griechenland „bandagierten" (umwickelten) die Kämpfer ihre Hände und Unterarme mit langen Lederriemen. Diese Bandagen sollten Knochen, Gelenke und Haut vor Verletzungen schützen. Gleichzeitig konnten die Kämpfer mit diesen "harten Bandagen" härter zuschlagen und die Gegner schnell kampfunfähig machen.

Heute bestehen die Bandagen nicht mehr aus Leder, sondern aus Stoff. Das Prinzip des sportlichen Wettkampfes ist jedoch gleich geblieben, wenn es auch mehr Regeln gibt als früher. Zwei Boxer betreten den Ring, aber nur einer wird ihn als Sieger verlassen. Wer nicht gewinnen will, sollte erst gar nicht in den Ring steigen. Der Boxer braucht Konzentration, Respekt, Selbstvertrauen und eine gehörige Portion gesunden Egoismus. Wer gewinnen will, muss sich durchsetzen und behaupten. Ein Boxer ist sich dessen bewusst, dass er austeilt und einsteckt. Beide Boxer nehmen das Risiko der Niederlage oder sogar einer Verletzung in Kauf. Trotz der schmerzhaften Rückschläge wird „mit harten Bandagen" rücksichtslos gekämpft, gebissen und gefightet. Aber nur solange die Gesundheit des Boxers nicht gefährdet wird und noch eine reelle Chance auf den Sieg besteht.

Im Job und Privatleben haben Sie es (hoffentlich) nicht mit körperlichen Angriffen zu tun. Hier müssen Sie sich mit anderen Angriffen auseinandersetzen, die Ihre Gesundheit gefährden.

Doch bevor wir die Angriffe des Alltags näher erläutern, bitte ich Sie, den folgenden Test zu absolvieren. Er hilft Ihnen zu erkennen, wo Sie persönlich noch Entwicklungspotenzial haben und wo eventuell dringlicher Handlungsbedarf besteht. Nehmen Sie sich ausreichend Zeit, um über die Fragen und vor allem über die Antworten nachzudenken. Schreiben Sie Ihre ersten Impulse an die freien Stellen. Sie können Ihnen später noch wichtige Erkenntnisse bringen.

Test: Wie gut können Sie sich behaupten?

- Wann verhalten Sie sich anders als Sie eigentlich wollen?

- Bei welchen für Sie wichtigen Entscheidungen lassen Sie sich von anderen sagen, wie Sie sich zu entscheiden haben?

- Wo stecken Sie zurück und tun das, was andere von Ihnen erwarten, anstatt das zu tun, was Sie tun möchten?

- Fällt es Ihnen das „Nein sagen" häufig schwer und können Sie anderen nur selten einen Wunsch abschlagen?

- Machen Sie häufig ungefragt die Probleme anderer zu Ihren eigenen?

- Wünschen Sie sich mehr Zeit für Ihre Familie oder Hobbies?

- Haben Sie häufig das Gefühl, den Erwartungen Ihrer Mitmenschen nicht entsprechen zu können?

- Schmieden Sie euphorisch einen Plan und verwerfen ihn dann auf halbem Wege wieder?

- Zweifeln Sie häufig an Ihrer Kompetenz?

- Fühlen Sie sich verpflichtet, Dinge zu übernehmen, für die Sie eigentlich nicht zuständig sind?

- Verlieren Sie im hektischen Alltag häufig das eigentliche Ziel aus den Augen?

- Haben Sie körperliche Beschwerden wie Kopf-, Rücken- oder Nackenschmerzen oder Herz-Kreislauf-Beschwerden?

- Nehmen Sie Ihre eigenen Anliegen weniger wichtig als die anderer?

- Denken Sie häufig in Sätzen wie diesen: „Das macht man doch nicht!", „Das gehört sich nicht!" oder „Was sollen denn die anderen denken?"

- Sie sind glücklich in ihrem Job, fragen sich aber häufiger, ob das schon alles gewesen ist?

Wenn Sie die meisten Fragen mit „Ja" und nicht mit „Nein" beantwortet haben, kann es sein, dass Sie sich zu wenig gegen die Angriffe des Alltags behaupten können.

Die Angriffe des Alltags

Vermutlich gibt es Hunderte von Angriffen, die Ihre Gesundheit gefährden können. Doch die meisten lassen sich in drei großen Gruppen zusammenfassen.

#1 Ungewisse Zukunft

Die Welt dreht sich immer schneller, wird komplexer. Unser Verstand, unsere Entscheidungs- und Denkgewohnheiten setzen gradlinige Entwicklungen und absolute Sicherheiten voraus: hier Ursache – da Wirkung. Hier viele Daten – da klare Entscheidung(en). Hier das große Ziel – dort der Plan, mit dem das Ziel erreicht werden soll.

Aber ganz so einfach ist das nicht. Es werden große Anstrengungen angestellt, um die eigene Zukunft zu planen, zu berechnen und zu kontrollieren. Doch so leicht lässt sich Zukunft einfach nicht vorhersagen. Verschärft wird die Situation durch die sogenannten „Zufälle", die eine Planung völlig auf den Kopf stellen können. Die fehlende Sicherheit schüchtert viele Menschen ein, hemmt und blockiert sie bei der Entfaltung des eigenen Potenzials und sorgt dafür, dass gesundheitsgefährdende Umstände einfach akzeptiert werden.

#2 Gesellschaftliche Erwartungen

Jeder hat Erwartungen und stellt Ansprüche an Sie. Da sind im geschäftlichen Umfeld Ihre Kollegen, Vorgesetzten, Kunden oder auch Lieferanten und Dienstleister. Im privaten Bereich die Familie, Freunde und Bekannte, die ebenfalls Wünsche haben oder Forderungen stellen. Zusätzlich prasseln noch Informationen und Eindrücke aus den Medien auf Sie ein.

Heutzutage gilt das Motto „schneller, höher, weiter" nicht mehr nur im Job; es ist schon längst im Privatleben allgegenwärtig.

Überspitzt beschrieben: Sie sollten sich sozial engagieren, im Ehrenamt tätig sein, dreimal pro Woche zum Sport gehen. Sie sind ein geduldiger

Partner, ein verständnisvoller Vater oder eine aufopfernde Mutter, sprechen selbstverständlich mehrere Fremdsprachen, bilden sich jeden Abend weiter und spielen mehrere Musikinstrumente. Sie verreisen mehrmals im Jahr, sind selbstverständlich schon mit Delfinen geschwommen und so ganz nebenbei arbeiten Sie noch 100 Punkte Ihrer Bucket List ab, bevor Sie das Zeitliche segnet.

Die meisten Menschen sind ständig getrieben und laufen irgendwelchen Idealen hinterher. Sie orientieren sich immer sträker an der vorgegebenen Erwartungshaltung und tun das, was **andere** von ihnen erwarten. Die Konsequenz: Für Freunde, Familie, die eigene Regeneration und für das kreative Nichtstun bleibt keine Zeit mehr.

#3 Ständige Erreichbarkeit und Informationsflut
Die Grenze zwischen Job und Privatleben verwischt immer mehr. „Freizeit" ist zum Fremdwort geworden. Die Menschen rennen mit gesenktem Kopf durch die Straßen, weil sie ständig auf das Smartphone starren. Noch vor dem Frühstück oder spätestens auf dem Weg zur Arbeit werden erste Mails gecheckt. Später scheint der Blick aufs Display unverzichtbar, um über aktuelle Geschehnisse der Netzwerke auf Facebook, Twitter und WhatsApp Bescheid zu wissen. Auf dem Heimweg genau das Gleiche.

Aus der Arbeit mit Führungskräften ist mir bekannt, dass im Job E-Mails mit 20 Personen in copy (cc) zum Tagesgeschäft gehören. Dazu noch Telefonate und die ganzen Informationen aus Protokollen, Newslettern, Berichten und Fachzeitschriften. Diese irrsinnige Informationsflut führt mehr und mehr dazu, dass für die eigentliche Arbeit kaum Zeit bleibt. Es kommt noch schlimmer. Die Arbeit bleibt liegen, der Berg unerledigter Aufgaben wächst und wächst.

Es droht der gesundheitliche K.o.

Die Angriffe des Alltags gefährden bereits die Gesundheit vieler Menschen. Eine Studie des Gesundheitsmonitors der Bertelsmann Stiftung und BARMER GEK aus dem Jahr 2015, für die rund 1.000 Erwerbstätige repräsentativ befragt wurden, hat ergeben:

- Knapp 25 Prozent der Vollzeit-Beschäftigten Deutschlands arbeitet in einem Tempo, von dem es glaubt, es langfristig nicht durchhalten zu können.

- 18 Prozent erreichen oft die Grenzen ihrer Leistungsfähigkeit.

- 23 Prozent verzichten auf Pausen.

- Jeder Achte kommt krank zur Arbeit.

Die Folgen sind dramatisch: Der Körper signalisiert erst dezent, dann immer deutlicher, dass die Leistungsgrenze erreicht und oftmals sogar überschritten ist.
Typisch dafür sind folgende Symptome:

- Muskelverspannungen und Schmerzen
- Gereiztheit
- mangelnde Konzentration
- Herzrasen
- Magenschmerzen
- Reizdarm

In den letzten Jahren sind die sogenannten Zivilisationskrankheiten weiter angestiegen:

- Bluthochdruck ist die häufigste Erkrankung. Eine für den Arztreport 2011 erstellte Auswertung der Barmer GEK ergab, dass 25,7 Prozent aller Deutschen an Bluthochdruck leiden.

- Rückenschmerzen liegen auf dem zweiten Platz. Von der Barmer GEK wurde ermittelt, dass 24,1 Prozent aller Bürger an Rückenschmerzen leidet. Anhand einer Erhebung, durchgeführt von der Techniker Krankenkasse, blieben im Jahre 2014 deutsche Arbeitnehmer aufgrund von Rückenschmerzen durchschnittlich 13 Tage zu Hause.

- Die dritthäufigste Volkskrankheit sind Störungen des Fettstoffwechsels mit den bekanntesten Ausprägungen Diabetes und Fettleibigkeit. 60 (!) Prozent der Deutschen sind nach Angaben des Europäischen Statistikamtes Eurostat übergewichtig.

Obwohl die meisten Menschen diese Körpersignale spüren und wissen, dass sie eine Pause benötigen, wird weiter ohne Rücksicht auf die eigene Gesundheit „mit harten Bandagen" gekämpft. Sie sind der Überzeugung, dass für Pausen „keine Zeit" sei. Stattdessen sagen sie sich:

- „Ich muss stark sein"
- „Ich darf keine Schwäche zeigen."
- „Stell dich nicht so an".
- „Gelobt sei, was hart macht."
- „Ich muss durchhalten, darf keine Pause machen."

Mithilfe von Zeitmanagement-Methoden wie „Getting things done" wird versucht, den Tag weiter zu optimieren, statt sich wohlverdienten Pausen zu gönnen. Doch so wird genau das Gegenteil erreicht. Das Hamsterrad rotiert noch schneller als zuvor.

Der wohl bekannteste Zeitmanagement-Experte Prof. Lothar Seiwert schreibt in seinem Buch „Ausgetickt":

„Fast 30 Jahre lang toure ich durch die Lande und erzähle Hunderttausenden von Menschen, wie sie mit Stress, Komplexität und den steigenden Anforderungen besser zurechtkommen, (...) und ich versuche, Stresskompetenz zu vermitteln, wo es nur geht. Und das Ergebnis? Immer mehr Stresskranke!"

Was Sie von Boxern lernen können

Um von Angriffen des Alltags nicht gesundheitlich K.o. geschlagen zu werden, können Sie einige Eigenschaften und Verhaltensweisen von Boxern übernehmen.

Das Boxen fördert Eigeninitiative, Eigenverantwortung und den gesunden Umgang mit sich selbst. Die Gesundheit hat für den Boxer im Training und im Wettkampf oberste Priorität. Im Training sind Ruhetage selbstverständlich. Während des Boxkampfes gibt es den Trainer oder den Ringrichter, der im Notfall das Handtuch werfen kann, wenn die Gesundheit des Boxers ernsthaft gefährdet ist und/oder wenn eine Chance auf den Sieg nicht mehr besteht. So wird das Risiko schwerwiegender Verletzungen minimiert. Im Normalfall kassiert der Boxer höchstens ein blaues Auge, eine blutige Nase oder eine aufgeplatzte Lippe. Doch nach dem Boxkampf gönnt sich der Kämpfer erst einmal eine Regenerationsphase.

Wenn Ihre eigene Gesundheit gefährdet ist lohnt es sich, mental die Boxhandschuhe überzuziehen, um sich vor Alltagsangriffen zu schützen, Grenzen zu setzen und Freiräume zu schaffen. Denn nur wer körperlich und mental fit bleibt, wird die notwendige Kraft haben, sich von Rückschlägen zu erholen und immer wieder aufzustehen.

Noch einmal zur Verdeutlichung: Der Job und das Leben sind keine Kämpfe, die es zu gewinnen gilt. Am Ende wartet auf uns alle das gleiche Schicksal: der Tod. Hier gibt es auch keinen Siegergürtel für denjenigen, der am erfolgreichsten war und am meisten gewonnen hat. Das wichtigste ist und bleibt die eigene Gesundheit. Für mich gilt der Grundsatz:

Erfolg ja, aber nicht um jeden Preis. Vielleicht auch für Sie?

MIT WEICHEN BANDAGEN© – die
Faustformel für außergewöhnlichen Erfolg

Am 18.10.2012 war es dann soweit. Der erste Boxkampf meines Lebens – und auch noch live im Fernsehen vor einem Millionenpublikum. Ich wusste, dass der engste Freundeskreis und meine Familie zuschauten. Jetzt nur nicht die Nerven verlieren, sondern cool bleiben und die Leistung abrufen, wenn es darauf ankommt.

In der ersten Runde ging es gleich richtig zur Sache – von wegen abwarten und locker antesten. Der Kampf war ein offener Schlagabtausch. Ich spürte das Adrenalin in mir, das Herz klopfte. Ich bekam kaum Luft, die Lunge brannte und ich hatte Zweifel, ob ich dieses Tempo bis zum Schluss halten kann. Training ist eine Sache, Sparring eine andere und der Kampf selbst ist wieder eine ganz neue Herausforderung. So etwas lässt sich nicht trainieren, sondern nur durch Kämpfe erfahren.

Ich ging in die Ringecke, bekam das Headset aufgesetzt und lief direkt aus dem Ring zum Quiz-Pult. Da stand Stefan Raab und wartete auf uns Quizboxer. Nach zwei Minuten war die Quizrunde vorbei. Es ging wieder zurück in den Boxring. Headset abgesetzt, Mundschutz rein und dann hieß es: Ring frei für Runde 2.

Nach gut einer Minute hatte ich meinen Gegner mit einer rechten Geraden am Kinn getroffen. Er ging zu Boden, wurde angezählt und in seine Ecke geschickt.

Ich erinnerte mich an das, was mir mein Boxtrainer vorher gesagt hatte:„Wenn der Gegner angeknockt ist, geh' drauf. Schlag solange auf ihn ein, bis er K.o. geht oder bis der Ringrichter euch trennt. Das ist deine Chance, den Kampf vorzeitig zu beenden und Kraft zu sparen."

Der Ringrichter gab den Kampf wieder frei. Ich ging entschlossen auf meinen Gegner zu, machte Druck und stellte ihn in der Ringecke. Mit einem linken Aufwärtshaken traf ich ihn voll am Kinn, ein rechter Kopfhaken kam gleich hinterher. Ich setze mit zwei weiteren Haken nach. Mein Gegner sackte zu Boden. Der Ringrichter ging zwischen uns und beendete den Kampf vorzeitig.

In diesem Moment realisierte ich: ‚Du hast gewonnen!' Die Anspannung löste sich mit einem Schlag. Ich sprang im Ring umher, habe die Fäuste nach oben gereckt und schrie vor Freude. Stefan Raab kam in den Ring, gratulierte mir und fragte mich, ob ich denn kein Mitleid mit meinem Gegner hätte. Ich antwortete etwas lapidar: „Nee, hab' kein Mitleid."

Meine Antwort mag Sie vielleicht etwas irritieren. Aber im Ring ist Mitleid nicht angebracht. Beide Boxer wissen ja, worauf sie sich einlassen. Sie brauchen vor allem Konzentration, Kraft und Kondition. Gleichzeitig müssen Sie beweglich und flexibel bleiben und im richtigen Moment effektive Akzente setzen.

Auch auf dem Weg zum Erfolg brauchen Sie Konzentration, Kraft und Kondition – aber über einen längeren Zeitraum. Erfolg ist immer ein Prozess, der mit harter, konsequenter Arbeit verbunden ist. Mit „harten Bandagen" hat das nichts zu tun. Mit Gewalt oder „harten Bandagen" werden Sie keine langfristigen Ziele erreichen. Wenn Sie genauer hinschauen, werden Sie feststellen, dass selbst Menschen, die „über Nacht" erfolgreich wurden, im Vorfeld jahrelang dafür trainiert oder gearbeitet haben. Ihre Grundlage ist immer Gesundheit sowie ergebnisorientiertes und konsequentes Handeln – Tag für Tag.

Ehrgeiz ist eine Eigenschaft, die erfolgreiche Menschen verbindet. Den Ehrgeizigen haben wir es zu verdanken, dass es vorwärts geht, weil sie sich selten bis gar nicht mit dem Erreichten zufrieden geben. Verbissenheit ist die übertriebene Form von Ehrgeiz. Verbissenheit ist nicht zu empfehlen, weil sie Kraft, Konzentration und Kondition kostet.

Ein guter Boxer weiß, wann er kämpfen muss. Er weiß aber auch, wann es besser ist abzuwarten.
  Mike Tyson hat gesagt: *„Ein Boxer muss wie Wasser sein. Wasser kann jede Form annehmen, es ist unzerstörbar und vernichtend, wenn es schnell genug heran rauscht."* Wahrscheinlich hat er sich von Bruce Lee inspirieren lassen, der mit den Worten zitiert wird: *"Leere deinen Geist. Werde*

*formlos, gestaltlos – wie Wasser. Wenn man Wasser in eine Tasse gießt, wird es zur Tasse. Gießt man Wasser in eine Teekanne, wird es zur Teekanne. Wasser kann fließen **und** schmettern. Sei Wasser, mein Freund."*

Wasser kann weich, flexibel, gleichzeitig aber auch sehr hart sein und durchschlagende Wirkung erzielen, wenn der Fokus erhöht wird. Die entstehende Kraft kann so groß werden, dass Wasser sogar Metall schneiden kann.

Durch die Faustformel kommen auch Sie ins „Fließen." Sie unterstützt Sie dabei, zur richtigen Zeit die richtigen Akzente zu setzen.
Hier meine Faustformel als Grafik:

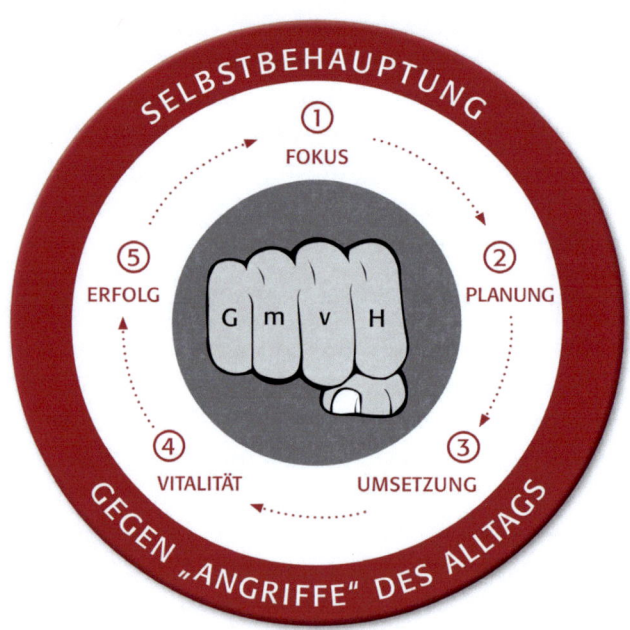

Die Faustformel besteht aus drei Komponenten:

1. Das Innere bildet die zur Faust geballte Hand. Auf den Knöcheln steht GmvH.

2. Die zweite Komponente besteht aus den fünf Faustregeln. Jeder Finger der Hand steht für eine Faustregel:

   - Fokus
   - Planung
   - Umsetzung
   - Vitalität
   - Erfolg

3. Die dritte Komponente ist bildlich gesprochen der Boxhandschuh, der die Finger beziehungsweise die Faust vor Verletzungen schützt. Im übertragenen Sinn steht der Boxhandschuh für die „Selbstbehauptung gegen Angriffe des Alltags."

Bevor die Erklärung zu den fünf einzelnen Fingern folgt, lassen Sie mich zunächst den inneren und den äußeren Teil näher erläutern. Diese beiden Bereiche lassen sich mit folgender These zusammenfassen: „Im Boxring müssen Sie schon alleine kämpfen."

„Kämpfen"

Viele Menschen haben mit dem Begriff „kämpfen" ein Problem. Das liegt daran, weil Erwachsene meist ein verzerrtes Bild im Kopf haben. Meist wird „Kampf/kämpfen" mit Aggression, Frust und Wut in Verbindung gebracht. Ein Beispiel: Ist ein Kleinkind aggressiv, frustriert oder wütend und wirft sich trotzig brüllend auf den Boden des Supermarktes, wird dies allgemein akzeptiert und manchmal auch als niedlich empfunden. Eltern ist diese Situation meist peinlich und unangenehm.

Die meisten Erwachsenen haben häufiger das Gefühl von Aggression, Frust und Wut – aber meistens kein Ventil, um diese negativen Gefühle herauszulassen. Irgendwann entlädt sich diese aufgestaute Aggression – oftmals plötzlich und unkontrolliert. Zudem wird der Frust an Menschen abgebaut, die vielleicht noch nicht mal etwas dafür konnten. Dann heißt es schnell, der Erwachsene ist cholerisch und hat sich nicht im Griff.

Aggression ist eine starke Energie, die es zu kontrollieren gilt. Per Definition bedeutet Aggression „herangehen" oder „angreifen". Wie Sie mit Ihrer Aggression umgehen, liegt in Ihrer Verantwortung. Dazu folgende Anekdote:

Ein Indianerhäuptling erzählt seinem Sohn folgende Geschichte.

„Mein Sohn, in jedem von uns tobt ein Kampf zwischen zwei Wölfen. Der eine Wolf ist böse. Er kämpft mit Ärger, Neid, Eifersucht, Sorgen, Gier, Arroganz, Selbstmitleid, Lügen, Überheblichkeit, Egoismus und Missgunst. Der andere Wolf ist gut. Er kämpft mit Liebe, Freude, Frieden, Hoffnung, Gelassenheit, Güte, Mitgefühl, Großzügigkeit, Dankbarkeit, Vertrauen und Wahrheit." Der Sohn fragt: „Und welcher der beiden Wölfe gewinnt?" Der Häuptling antwortet ihm: „Der, den du fütterst."

Genauso verhält es sich mit der Hand meiner Faustformel. Mit den Händen können Sie weich, zärtlich sein, wunderbare filigrane und schöne Sachen tun wie malen, musizieren oder streicheln. Sie können einer Person die Hand reichen und ihr behilflich sein. Diese Hand lässt sich jedoch auch zu einer Faust ballen, mit der Sie beim Boxkampf Ihren Gegner an den Kopf oder auf den Körper schlagen. Gleichzeitig müssen Sie beim Boxen lernen, Ihre Energie gut einzuteilen. Im Boxkampf bringt es nichts, seine gesamte Energie durch unkontrolliertes Schlagen in der ersten Runde zu verpulvern. Dann fehlt sie für weitere Runden und die Gefahr eines Knockouts wird größer.

Im übertragenen Sinne bedeutet das, dass auch Sie Ihre Energie gut einteilen und auch einmal „Nein" sagen müssen. Setzen Sie Grenzen, um sich vor den Angriffen des Alltags zu schützen.

„Im Boxring alleine"

Die vier Buchstaben auf den Knöcheln der Faust sollen Sie daran erinnern, dass Sie Ihre Gesundheit und damit die Basis für Ihren Erfolg sprichwörtlich „in den Händen" halten und die **alleinige** Verantwortung dafür haben. Die vier Buchstaben sind ein Akronym, welches „Gesellschaft mit **voller** Haftung" bedeutet.

„Verantwortung übernehmen" sagt sich so einfach. Aber erst durch das Boxen ist mir wirklich bewusst geworden, was es bedeutet, tatsächlich Verantwortung für mich zu übernehmen. Auf dem Weg zum Boxring lässt sich der Kampf noch aus irgendwelchen fadenscheinigen Ausreden absagen. Aber wenn Sie im Boxring stehen, gibt es keine Ausreden mehr. Sie bekommen zwar Tipps vom Trainer, aber bei deren Umsetzung und auch beim Einstecken von Rückschlägen sind Sie im Ring ganz auf sich alleine gestellt. Beide Boxer betreten den Ring mit der festen Absicht zu gewinnen. Und um das zu erreichen, muss er sich dem anderen gegenüber durchsetzen und sich behaupten.

In dieser Hinsicht ist Boxen ein recht egoistischer Sport. Beide Boxer wissen, worauf sie sich einlassen und dass nur einer siegen kann. Das ist die Spielregel. Wenn Sie im Ring stehen, ist Ihr Interesse der Sieg. Er ist sozusagen Ihr Interessensbereich, auf den Sie aber nur bedingt Einfluss haben. Sie können beeinflussen, wie sich bewegen und Ihre Deckung halten und wann Sie zum Angriff übergehen.

„Everybodys Darling is everybodys Depp"

Noch ein wichtiger Hinweis zum Thema „Egoismus." Menschen sind von Natur aus weder Egoisten noch Einzelkämpfer. Wir sind auf Gemeinschaft und ein Miteinander gepolt. Vor 10.000 Jahren hatte niemand alleine eine Überlebenschance. Nur wer zu einem Stamm gehörte, mit dem er sich gemeinsam den Herausforderungen des Steinzeitlebens stellte, war sicher. Da war es extrem wichtig, was andere dachten, um nicht verstoßen zu werden. Aus dem Stamm ausgeschlossen zu werden, bedeutete den sicheren Tod.

Selbstverständlich gelten heute andere Regeln als vor 10.000 Jahren und Sie sterben nicht sofort, wenn Sie zuerst an sich denken. Tun Sie das ruhig öfter. Damit ist keineswegs gemeint, bei jeder sich bietenden Gelegenheit anzugeben, zu prahlen oder sich durchsetzen zu müssen, um von anderen wahrgenommen zu werden. Von diesem prolligen Egoismus halte ich genauso wenig wie Sie. Gesunder Egoismus ist gefragt. Menschen mit gesundem Egoismus setzen sich für das ein, was ihnen wichtig ist. Sie wissen, dass sie es nie allen recht machen können. Sie sind dazu fähig, ohne schlechtes Gewissen „Nein" zu sagen. Es muss nicht immer ein rigoroses „Nein" mit „harten Bandagen" sein. Sie können auch mit „weichen Bandagen" ein „Nein" zum Ausdruck bringen.

Ein Beispiel: Wenn Sie heute keine Zeit haben, im Job eine Aufgabe von Ihrem Kollegen zu übernehmen, dafür aber morgen, können Sie das auch genau so sagen. Oder vielleicht sind Sie auch dazu bereit, heute bereits einen Teil der Aufgabe zu erfüllen. Dann bieten Sie es doch an!

Ihrem Gesprächspartner einen Gegenvorschlag zu unterbreiten ist eine weitere Möglichkeit, ein weiches „Nein" zu äußern. Bringen Sie eine andere Idee ein, wie der Kollege oder Partner sein Anliegen lösen kann. Damit zeigen Sie, dass Sie Ihr Gegenüber ernst nehmen, machen ihm aber gleichzeitig klar, dass Sie momentan nicht oder nur eingeschränkt zur Verfügung stehen.

Eine weitere Geschichte soll Ihnen zeigen, worauf ich letztendlich hinaus will:

Ein Mann reitet auf seinem Esel, hinter dem ein kleiner Junge, sein Sohn, läuft.

Plötzlich ruft eine Stimme: „So eine Unverschämtheit. Der Vater sitzt auf dem Esel und der arme kleine Junge muss mit seinen kleinen Beinchen hinterher rennen."

Der Vater überlegt einen Moment, dann steigt er herab und lässt seinen Jungen auf dem Esel sitzen.

Doch bald ist eine andere Stimme zu hören. „Das ist doch die Höhe. Da sitzt der Junge doch wie ein Pascha auf dem Esel und der arme alte Vater muss neben herlaufen."

Vater und Sohn schauen sich für einen Moment an und dann steigt der Vater zu dem Jungen auf den Esel.

Kaum sind sie ein paar Schritte geritten, ruft ein anderer: „So eine Tierquälerei. Jetzt muss der arme Esel so schwer tragen, nur weil die Herrschaften zu fein sind, um zu laufen."

Vater und Sohn schauen sich an und steigen beide vom Esel ab und laufen nun neben ihm her.

Plötzlich hören sie ein lautes Gelächter und eine Stimme ruft:

„Nun schaut euch die beiden Trottel an. Wie kann man nur so blöd sein und neben seinem Esel herlaufen. Wozu hat man denn so ein Tier?"

Die Geschichte lehrt uns: Es ist es völlig egal, wie sehr Sie sich anstrengen:

Sie können es nie allen recht machen. Es wird immer Personen geben, denen Sie nicht gefallen und denen nicht gefällt, was Sie tun.

Ich kenne das aus eigener Erfahrung, weil ich früher ein typischer „Ja-Sager" und „everybodys depp" war, der versucht hat, es allen recht zu machen. Im Job war ich viel zu nett, viel zu freundlich und habe kleine Unannehmlichkeiten ertragen, um anderen einen Gefallen zu tun. In den meisten Fällen habe ich keine Gegenleistung erhalten oder gar verlangt. Ich signalisierte mir selbst, dass ich nicht gut genug bin und andere Menschen mehr wert sind als ich. Meine Freundlichkeit wurde ausgenutzt. Ich wurde zum Spielball der Interessen anderer und zur Ablade-Station für unangenehme, unpopuläre Aufgaben.

Ich beschäftigte mich intensiv damit, wie ich dieser „everybodys darling"-Falle entkommen kann. Es gibt viele verschiedene Techniken, Methoden und Übungen. Aus meiner eigenen Erfahrung kann ich sagen, dass die nachstehenden drei Übungen die größte Wirkung zeigen:

1. Selbstbehauptung durch Selbstannahme stärken
Vielleicht fragen Sie sich, was Selbstannahme mit Selbstbehauptung zu tun hat? Ganz einfach: Wenn Sie wissen, wer Sie sind, was Sie wollen, wo Ihre Stärken und Schwächen liegen und was Sie brauchen, um dauerhaft Leistung zu bringen, stärken Sie Ihr Selbstbewusstsein. Dann fällt es Ihnen viel leichter, sich zu behaupten.

Es gibt eine Übung, mit der Sie leicht herausfinden können, wie es um die Akzeptanz Ihrer eigenen Person bestellt ist. Es handelt sich um die sogenannte Spiegel-Übung. Profis machen diese Übung komplett nackt. Das ist besonders für Frauen eine Herausforderung, weil sie selten mit ihrem Körper zufrieden sind. Stellen Sie sich vor den Spiegel, lächeln Sie und betrachten Sie sich fünf Minuten lang im Spiegel.

Warten Sie ab, was passiert.

Was geht Ihnen durch den Kopf, wenn Sie sich sehen? Können Sie sich selbst loben und zu sich selbst sagen „Du siehst heute wieder fantastisch aus. Schön, dass es dich gibt." Oder kommen eher solche Gedanken wie: „Hier muss ich aber noch drei Kilogramm abnehmen." – „Wie sehe ich denn aus? Das geht ja gar nicht."

Sie lachen? Vielleicht denken Sie jetzt: „So etwas sage ich doch nicht zu mir!" – Doch! Sprechen Sie es ruhig aus, wenn auch unbewusst. Mit der Spiegel-Übung machen Sie sich Ihre Gedanken bewusst. Gleichzeitig eröffnet sich Ihnen die Chance, die Art der Denkweise über sich selbst zu ändern.

2. Selbstbehauptung mit Erfolgs-Tagebuch stärken

Jeder gute Sportler trainiert nach einem Trainingsplan und hält die Erkenntnisse aus dem Training in diesem Plan fest. Er schreibt auf, was gut gelaufen ist und was noch verbessert werden muss. Machen Sie es genauso und nutzen Sie ein Erfolgs-Tagebuch. Schreiben Sie beispielsweise acht Wochen lang (es können auch zehn, zwölf oder mehr Wochen sein) jeden Abend fünf Dinge auf, für die Sie dankbar sind, die Ihnen gut gelungen sind und worauf Sie stolz sind. Vielleicht sagen Sie jetzt: „Das ist doch egoistisch und selbstverliebt." Ja, das stimmt! Aber was ist so schlimm daran, wenn Sie sich Ihre Erfolge bewusst machen und sich selbst loben – es macht ja sonst keiner.

Sie werden die Erfahrung machen, dass Sie im Laufe der Zeit mehr Selbstvertrauen entwickeln und eine bessere Beziehung zu Ihrem Ich aufbauen.

3. Selbstbehauptung durch Boxen stärken

Anfangs hatte ich im Training und im Sparring Hemmungen, richtig fest zuzuschlagen. Schließlich bin ich wie die meisten so erzogen worden, dass niemand geschlagen werden soll und das „Gewalt keine Lösung" ist.

Das Boxtraining, später das Sparring und die Teilnahme am Quizboxen veränderte meine Einstellung total. Wenn Sie Ihre Hemmungen abgebaut haben, jemandem ins Gesicht zu schlagen und es aushalten, selbst geschlagen zu werden, dann stärkt das Ihre Persönlichkeit von innen und außen. Sie bekommen ganz automatisch ein dickeres Fell, ertragen im Job und im Privatleben viel leichter ein „Nein" und können auch ein „Nein" aussprechen, ohne dabei ein schlechtes Gewissen zu haben.

Zusammenfassung
Verantwortung zu übernehmen, keine Ausreden mehr zu suchen und selber aktiv zu werden kostet jede Menge Kraft. Im Job und im Leben werden Sie von anderen unter Umständen als aggressiv, vorlaut und rebellisch empfunden und ecken dadurch öfter an. Es wird ebenso passieren, dass andere Menschen Sie um Ihr zielstrebiges Handeln beneiden. In der Regel bedeuten mehr Verantwortung und mehr Eigeninitiative im Job und im Privatleben mehr Gestaltungsfreiraum, ein höheres Gehalt, mehr Erfahrungen und mehr Erlebnisse.

Bedenken Sie, dass Sie es nie jedem recht machen können. Also versuchen Sie es gar nicht erst. Entwickeln Sie einen gesunden Egoismus.

Ziehen deshalb mental immer dann die Boxhandschuh an, wenn Ihre Gesundheit durch die Angriffe des Alltags bedroht wird. Das hilft Ihnen, trotz hoher Arbeitsbelastung langfristig gesund bleiben.

Runde 1 – Haben Sie einen „weichen" Fokus

„Leck mich am Arsch! Ist das viel, worauf ich achten soll!"

Ich soll auf eine saubere Technik achten, den Arm lang strecken und gleichzeitig den anderen Arm beziehungsweise die Faust fest an die Schläfe pressen, um eine stabile Deckung zu haben. Dann den richtigen Stand einnehmen, um beweglich und locker zu bleiben – und zeitgleich den Gegner beobachten. Jede kleine Veränderung der Körpersprache gibt Aufschluss über den Zustand meines Gegners. Ist sein Mund auf oder zu? Was sagen mir seine Augen? Welche Schläge oder Schlagkombinationen setzt er bevorzugt ein? Welche Art Deckung favorisiert er? Wo liegen seine Stärken, wo seine Schwächen? Wie bewegt er sich und wie atmet er?

Fitness-Boxen hat nicht viel mit Wettkampf-Boxen zu tun. Theoretisch habe ich das alles verstanden – aber ich konnte es im Sparring nicht umsetzen. Übrigens: Sparring ist der Kampf Mann gegen Mann. Ich hatte größere, kleinere, schwerere, leichtere Gegner, habe gegen Anfänger, Fortgeschrittene und auch gegen Profis geboxt. Gegen Anfänger konnte ich den „weichen" Fokus gut anwenden. Bei den Profis hatte ich keine Chance. Die waren zu schnell – für meine Augen und für mich. Ehe ich mich versah, knallte es auch schon. Die erkennen sofort, wo meine Deckung offen war und haben mich mit gezielten Treffern des Öfteren einfach ausgeknockt. RUMS, AUS, VORBEI!

Hinfallen ist nicht das Problem. Liegenbleiben schon. Mein Ehrgeiz wurde angestachelt. Ich stand wieder auf und trainierte fleißig weiter. Ich lernte aus meinen Fehlern, bekam mehr Selbstvertrauen und wurde von Sparring zu Sparring besser. Und nach ein paar Wochen und Monaten des Trainings ist es mir tatsächlich gelungen, auf mehrere Sachen gleichzeitig zu achten und dementsprechend zu handeln – auch wenn es heute immer noch nicht fürs Profi-Boxen reichen würde. Aber egal, der Wille allein zählt.

Einen „weichen" Fokus zu haben gibt es nicht nur beim Boxen. Vielleicht kennen Sie das aus der Fotografie. Fotos mit einem „weichen" Fokus sind Bilder, bei denen nur ein Detail scharf gestellt wird. Der Rest des

Bildes bleibt unscharf. Auch beim Lesen lässt sich ein „weicher" Fokus beobachten. Sie können sich innerhalb eines Wortes auf einen Buchstaben fokussieren und trotzdem das Wort als Ganzes erfassen. So ähnlich funktioniert auch SpeedReading. Hier fokussieren Sie sich auf das gesamte Wort, nehmen aber die Wörter links und rechts davon ebenfalls wahr und erfassen so den Sinn des Gelesenen als Ganzes. Auf diese Art lesen Sie zwei- bis fünfmal so schnell wie vorher. Das hört sich schwieriger an als es ist.

Es ist gut, auch im Job und Privatleben einen Fokus zu haben und sich auf ein Ziel zu konzentrieren. Da Sie in der Regel mehrere Ziele gleichzeitig verfolgen, ist es von Vorteil, den Fokus von „scharf" auf „weich" stellen zu können, um alle Ziele im (Über-) Blick zu haben.

Das funktioniert am besten, wenn Sie entspannt sind. Stress hingegen führt zu einem engen Blickfeld, dem sogenannten Tunnelblick. Stresshormone stören im Gehirn die zuständigen Bereiche Übersicht, Konzentration und Wahrnehmung empfindlich. Noch ein Grund mehr, öfter eine Regenerationsphase einzulegen. In der Zeit der Entspannung kommen Ihnen vielleicht ganz neue Gedanken oder Ideen. Vielleicht ergeben sich neue Möglichkeiten, ein Ziel mit anderen zu verknüpfen, so dass Sie eines davon schneller oder mit weniger Aufwand erreichen können.

Bei Zielen, für deren Weg Sie mehrere Jahre brauchen, ist es sinnvoller, nur die grobe Richtung vorzugeben. Meistens kann ein Ziel anfangs gar nicht so genau beschrieben oder berechnet werden. Es handelt sich noch um eine Idee oder eine Vorstellung, wie das Ergebnis am Ende aussehen kann.

Auf dieser Basis leiten Sie auf dem Weg zum Erfolg konkretere Ziele ab, können so das Bild vom Ergebnis klarer zeichnen und entscheiden, was wichtig und was unwichtig ist. So bleiben Sie konzentriert und haben trotzdem noch den Freiraum, auf Zufälle flexibel zu reagieren.

Es gibt unzählige Bücher zum Thema „Ziele erreichen." Häufig ist es schwierig zu erkennen, wo genau beim Lesen dieser Bücher begonnen werden sollte. Aus meiner Erfahrung kann ich Ihnen sagen, dass es nur auf einen Satz mit zwei Fragen ankommt: **„Was will ich – und warum?"** Also frage ich Sie nun:

Was wollen Sie und warum?

Diese Frage klingt zunächst egoistisch. Aber denken Sie noch einmal an die Geschichte mit dem Esel, dem Mann und dem Jungen zurück. Sie können es nicht allen recht machen. Und weil das so ist, können Sie damit beginnen, in Ihrem Job und im privaten Umfeld mehr Selbstbestimmung an den Tag zu legen.

Was will ich? Machen Sie eine Inventur – aber bitte unbedingt schriftlich. Definieren Sie zunächst die IST-Situation. Davon ausgehend können Sie Ziele festlegen, also die SOLL- Situation(en) planen.

- Wie sieht Ihre aktuelle Situation im Job und im Privatleben aus?

- Welche Ziele verfolgen Sie aktuell und warum?

- Was wollen Sie verändern und weshalb? Was versprechen Sie sich davon?

- Was wollen Sie erreichen, wo wollen Sie hin?

Wenn Sie sich mit Ihren Zielen beschäftigen, wird sich Ihre Wahrnehmung schon bald ändern. Jeder Mensch registriert seine Umwelt wie durch einen Filter. Psychologen sprechen dann von selektiver Wahrnehmung. Vereinfacht ausgedrückt sieht jeder das, was er durch seinen eigenen Filter sehen will.

Das Unterbewusstsein kann elf Millionen Bits pro Sekunde aus der Umgebung verarbeiten, der bewusste Verstand „nur" 40 bis 50 Bits pro Sekunde. Das, was Sie tatsächlich sehen und wahrnehmen, scheint für Sie wichtig zu sein. Diese Filter haben Sie im Laufe des Lebens entwickelt. Es ist spannend zu hinterfragen und herauszufinden, warum Sie in einer Situation anders reagieren als in einer anderen.

Die Frage nach dem „Warum" ist unangenehm, weil Sie dadurch in die Ecke der Rechtfertigung gestellt werden. Das ist nicht meine Absicht. Es geht darum herauszufinden, wer oder was Ihre persönlichen Antreiber sind, die Sie Tag für Tag bestimmte Dinge tun lassen. Und warum? Spätestens, wenn erste Rückschläge kommen und es nicht so läuft wie Sie es geplant haben, stellen Sie sich unbewusst die Frage: „Warum tue ich mir das an?" Wenn Sie jetzt keine passende Antwort haben, ist die Gefahr groß, dass Sie zu früh das Handtuch werfen.

Ich vergleiche die Warum-Frage gern mit dem Trägheitsgesetz $F = ma$ aus der klassischen Mechanik. Ein Körper der Masse m bewegt sich erst dann, wenn eine Kraft F auf ihn einwirkt.

Die Kraft, die uns Menschen motiviert, ist die Emotion. Motivation und Emotion sind sich sehr ähnlich. Beide gehen auf das lateinische Verb „movere" = bewegen zurück. Die Menschen wollen sich gut oder noch besser fühlen. Sie wollen noch mehr Freude empfinden – oder einen Schmerz schnell wieder loswerden. Sie kennen das: Wenn Sie Kopfschmerzen haben, sollen sie schnell wieder verschwinden. Die Schmerztablette hilft, den sogenannten Leidensdruck zu minimieren oder ganz auszuschalten.

Je eindeutiger das Ziel und je stärker die Emotion, die Sie mit diesem Ziel verbinden, desto eher (und leichter) werden Sie das Ziel auch erreichen.

Geben Sie dem Zufall eine Chance

Erinnern Sie sich noch, wie Sie Ihren Partner oder Geschäftspartner kennengelernt haben? Vielleicht sind Sie zufällig jemandem begegnet, der sie inspiriert hat. Vielleicht haben Sie zufällig etwas gelesen, das Sie auf völlig neue Ideen gebracht hat. So etwas lässt sich nicht planen, aber wahrnehmen. Der Chemiker und Wissenschaftler Louis Pasteur hat gesagt: „Der Zufall trifft nur einen vorbereiteten Geist."

Damit ist gemeint, dass Sie dem Zufall eine Chance geben müssen. Schauen Sie fernab von Zielen oder konkreten Anlässen auch rechts und links vom Weg und probieren Sie Dinge aus, die auf den ersten Blick unvernünftig und sinnlos erscheinen. Im Nachhinein werden Sie feststellen, dass es für irgendwas gut war. Steve Jobs hat diese Erfahrung in seiner berühmten Rede im Jahr 2005 mit der Botschaft „Connecting the dots" auf den Punkt gebracht. Und der Philosoph Sören Kierkegaard wird mit den Worten zitiert: *„Man kann das Leben nur rückwärts verstehen, aber leben muss man es vorwärts."*

Ich bin sehr dankbar dafür, dass es in meinem Fall auch mehrere kleine „Zufälle" waren, die mich zur Selbstständigkeit und zum Quizboxen gebracht haben. Wenn ich 2008 nicht das Rauchen aufgegeben hätte, hätte ich nie für den Ironman trainiert und wäre nie beim Ernährungsberater gelandet. Mit dem Boxen hätte ich mit Sicherheit nicht angefangen und mich schon gar nicht beim Quizboxen als Kandidat beworben.

Kennen Sie ein Swipe-File (engl. swipe = klauen)? Ein Swipe-File ist eine Sammlung von Ideen, die aus unterschiedlichen Quellen wie Zeitschriften, Blogs, Vorträgen, Videos, Podcasts, Büchern und Werbematerialien zusammengetragen werden. Alles, was aus Ihrer Sicht interessant, nützlich oder originell ist, kommt in dieses Swipe-File.

So füllt sich mit der Zeit eine Schatztruhe voll Ideen, aus der Sie sich bedienen können. Sie werden feststellen, dass Sie ganz automatisch mehr Kreativität entwickeln, weil Ihnen plötzlich etwas „einfällt" oder „zufällt."

Gehen Sie mit offenen Augen durch die Welt und beobachten Sie die Problemstellungen anderer Menschen. Achten Sie auf das, was anderen Menschen schwerfällt und Probleme bereitet. Vielleicht ergeben sich sogar neue Geschäfts- oder Anwendungsideen. Unternehmen existieren, weil sie für ihre Kunden Probleme lösen und die Kunden bereit sind, dafür Geld auszugeben. Wenn Sie Ideen entwickeln und testen, werden Sie auf dem Weg zum Ziel Rückschläge kassieren und Fehler machen. Das kann wiederum zu neuen Anwendungsideen führen. Hierfür gibt es mehrere Beispiele: Nehmen Sie die Erfindung von Porzellan. Ursprünglich war die Herstellung von Gold Johann Böttgers Plan. Der Tesafilm sollte ursprünglich Haftpflaster werden. Nicht zu vergessen die Erfolgsstory der kleinen gelben Post-its, die ursprünglich als neuer Kleber geplant waren.

Trauen Sie sich mehr zu – was Sie nicht können, ist erlernbar

Lassen Sie sich nicht einreden, dass Sie etwas nicht können! Von niemanden; nicht von Ihren Partnern, Kollegen oder anderen Personen. Trauen Sie sich mehr zu. Wenn ein anderer Mensch vor Ihnen etwas gelernt hat, dann können Sie das auch. Mit Ihrem Talent, Geschlecht und Alter hat das nichts zu tun. Auch Professoren oder Experten haben mal als Studenten oder Laien angefangen. Vielleicht werden Sie niemals so gut wie ein Experte oder Professor. Aber es geht ja auch nicht darum, auf jedem Gebiet zum Experten zu werden. Sie können doch völlig losgelöst von Ehrgeiz und Anstrengung etwas tun, weil Sie einfach Spaß daran haben. Und wer weiß, wozu das später gut war. Sie erinnern sich? Vorwärts leben und rückwärts verstehen.

Übrigens: Hinter dem Aufruf „Trauen Sie sich mehr zu!" steckt ein ganz besonderes System:

Das Modell der erlernbaren Intelligenz

Das Modell der erlernbaren Intelligenz wurde von Harvard-Professor Dave Perkins entwickelt. Die renommierte und leider viel zu früh verstorbene Management-Trainerin Vera F. Birkenbihl hat dieses Modell nach Deutschland gebracht. Wer diese Frau noch nicht kennt, sollte sie unbedingt googeln.

Dave Perkins ist der Frage nachgegangen, ob Intelligenz angeboren oder anerzogen ist. Er hat herausgefunden, dass Intelligenz abhängig davon ist, wie wir Lernvorgänge angehen und bewältigen.

Er identifizierte drei Faktoren der Intelligenz, wobei nur 1/3 genetisch bedingt ist. Das bedeutet, dass wir 2/3 unserer Intelligenz selbst beeinflussen können – und zwar ein Leben lang!

Faktor 1: Neuronale Geschwindigkeit

Die neuronale Geschwindigkeit ist das Tempo des Denkens und Schaltens der Synapsen in Ihrem Gehirn, wenn Sie etwas Neues lernen und verarbeiten müssen. Neuronal langsame Menschen brauchen länger, bis der „Groschen gefallen ist". Ein Nachteil dieses Faktors ist die Beeinträchtigung des Selbstwertgefühls Betroffener. Sie kommen sich häufig doof vor, weil andere gewisse Dinge viel schneller verstehen als sie selbst. Ein Vorteil ist, dass die Langsamen dazu neigen, den Dingen stärker „auf den Grund" zu gehen, weil sie gelernt haben, sich Wissen selbst anzueignen.

Faktor 2: Vorwissen und Wissens-Netz

Ihr Gehirn verändert sich durch Aktivität. Im Laufe der Zeit bilden sich Gewohnheiten und Routinen. Die Wissenschaft verwendet hierfür den Begriff der Neuroplastizität.

Vera F. Birkenbihl hat das Denk-Modell des Wissens-Netzes entwickelt, um diese Vorgänge im Gehirn beim Lernen leichter zu beschreiben. In diesem Modell stellen jede Information und jede Wissenseinheit einen Faden im Netz dar. Es ist leichter, neue Fäden in ein bestehendes Netz einzufädeln als neue Fäden außerhalb des Netzes „zu spinnen". Tun Sie jedoch etwas „Außergewöhnliches" abseits der Gewohnheit (= Außenfäden spinnen), fällt Ihnen das anfangs meist sehr schwer. Sie sind schnell frustriert, weil es nicht gleich klappt. Beides ist völlig normal – die Anfangsschwierigkeiten und die Enttäuschung. Wir haben das nur verdrängt. Wenn Sie diese Tatsache wieder akzeptieren können und dranbleiben, werden Sie feststellen, dass es mit der Zeit leichter geht.

Mit jeder Wiederholung wird das Wissens-Netz engmaschiger und dichter. Aus einem gedanklichen Trampelpfad entwickelt sich eine Gedanken-Autobahn. Je öfter Sie wiederholen und je mehr Sie über ein Thema wissen, umso leichter lernen Sie dazu („das Wissen bleibt leichter hängen"). Etwas salopper formuliert: Alles ist schwer, bevor es leicht(er) wird.

Es gab einige Menschen in meinem Umfeld, die nach dem Quizboxen überrascht waren, wie schnell ich die Antworten auf die Fragen wusste. Ich bin bestimmt nicht talentierter oder schlauer als Sie oder die anderen Kandidaten beim Quizboxen. Ich habe fleißig trainiert und mein Wissensnetz systematisch ausgebaut. Durch ständige Wiederholung hatte ich den Stoff irgendwann verinnerlicht.

Faktor 3: Passende Strategien wählen

Es gibt immer mehrere Strategien des Lernens. Wenn Sie viel im Auto unterwegs sind, joggen oder spazieren gehen, hören Sie doch Podcasts oder Ihre eigenen Sprachaufnahmen. Wenn Sie besser visuell lernen können, nutzen Sie die Wände Ihres Büros und hängen Sie Mindmaps oder Lernposter auf. Sie können aber auch ganz klassisch eine Lerngruppe oder ein Mastermind bilden und sich mit Gleichgesinnten über das entsprechende Thema austauschen. Ganz wichtig: Lernen Sie möglichst oft unter „Wettkampfbedingungen".

Je näher die Kämpfe beim Quizboxen kamen, umso intensiver habe ich unter erschwerten Wettkampfbedingungen trainiert. Wir haben statt der regulären zehn Runden zwanzig trainiert – also doppelt so viele wie später in der Live-Show – und mit höherer Intensität. Ich habe zweieinhalb statt zwei Minuten geboxt und anschließend **ohne** Pause nach dem Boxen Fragen beantwortet.

Zusammenfassung

Sie werden es nie allen recht machen können. Und weil das so ist, beginnen Sie damit, Job und Privatleben stärker an Ihre persönlichen Vorstellungen anzupassen und danach auszurichten: Fragen Sie sich, was Sie wollen und was die Gründe dafür sind. Schauen Sie dabei auch links und rechts vom Ziel und trauen Sie sich mehr zu. Mithilfe Ihres Vorwissens, des sich bildenden Wissensnetzes und der passenden Strategie wird es Ihnen durch regelmäßiges Training ebenfalls gelingen, das zu lernen, was Sie wirklich brauchen, um Ihr Ziel zu erreichen.

Runde 2 – Nur der Sieg zählt!

Donnerstag, 29.11.2012, der zweite Kampf beim Quizboxen. Zwischen dem ersten und zweiten Kampf lagen gut sechs Wochen. Nach einer kurzen Pause ging es gleich weiter mit dem Training.

Vor dem 2. Kampf waren die Titelverteidiger zu Gast bei TV TOTAL. Mein erster offizieller Fernsehauftritt. Ich war fast nervöser als vor dem Boxkampf. Dabei hatte ich nichts zu befürchten. Stefan Raab stellt in seiner Sendung ja nur Fragen und schlägt nicht zu.

Am Tag des Kampfes war mein Ablauf wie beim ersten Kampf. Ich blieb im Hotelzimmer und habe die meiste Zeit geschlafen. Auf diese Art kann ich mich am besten erholen und mich gleichzeitig mental auf den Wettkampf vorbereiten. Nachmittags wurde ich abgeholt. Es folgte ein gemeinsames Mittagessen mit den anderen Titelverteidigern, dem die Studiobegehung und die Besprechung der Regeln folgten. Dann ging es wieder zurück in die eigene Kabine. Ich schloss die Augen und schlief. Ich nutzte diese Phase, um mich zu sammeln und auf den Sieg zu fokussieren. Dann machte ich mich warm und wartete, bis ich aus meiner Kabine abgeholt wurde.

Endlich war es soweit. Ich wurde ins Studio gebracht und wartete im Backstage-Bereich. Ich versuchte auf Temperatur zu bleiben, lockerte meine Arme und Beine. Dann ging es los. Ich bekam ein Zeichen und ging zum Ring. Im Ring angekommen schaute ich die MAZ des Gegners an und wartete darauf, dass er rein kam. Er war größer und schwerer als ich und machte auf mich einen aufgeregten Eindruck. Der Ringrichter holte uns Quizboxer aus der Ringecke. Ich habe meinem Gegner dabei tief in die Augen geschaut und ihm durch meine Körpersprache zu verstehen gegeben, dass ich der Chef im Ring bin. Ich habe einfach nicht geblinzelt. Dann gingen wir zurück in die Ecken. Noch ein Schluck Wasser und dann ertönte der Gong.

Wir gingen aufeinander zu und fingen an zu boxen. Nach nicht einmal 20 Sekunden passierte es plötzlich. Der Ringrichter trennte uns und schickte mich in die neutrale Ecke, weil ich am Auge blutete. Ich hatte mir einen

Cut oberhalb der linken Augenbraue zugezogen. Der Arzt kam vorbei und schaute sich das an. Ich spürte komischerweise keine Schmerzen. Meine größte Angst in diesem Moment war, dass ich nicht weiterkämpfen durfte.

Ich durfte weiterkämpfen und ließ mir nichts anmerken. Der Kampf ging über die volle Distanz. 5 Runden boxen und 5 Runden quizzen – und das immer abwechselnd. Die medizinische Abteilung mit Cutman René in meiner Ringecke hat sensationelle Arbeit geleistet und konnte nach jeder Runde die Blutung schnell stoppen. Ich habe mich durch meine Verletzung nicht von meinen Ziel abbringen lassen und weitergekämpft – und schließlich gewonnen.

Hinterher habe ich erfahren, wie knapp die Entscheidung war. Ich hätte nicht weiterkämpfen dürfen, wenn der Cut unterhalb der Augenbraue gewesen wäre, wenn sich der Cut vergrößert hätte oder die Blutung nicht hätte gestillt werden können.

Der Boxer steigt in den Ring, um zu gewinnen. Für den Sieg trainiert er fast täglich, auch wenn er manches Mal keine große Lust darauf hat. Er nimmt über Wochen und Monate Schmerzen in Kauf und macht Abstriche im Privatleben, nur um am Tag des Wettkampfes in bestmöglicher Verfassung zu sein. Der Erfolg des Trainings offenbart sich jetzt im Wettkampf. Jetzt muss er seine Leistung abrufen. Ob er im Training Schmerzen hatte oder ob ihm das Training Spaß gemacht hat, spielt keine Rolle mehr. Das Einzige, was zählt, ist die Performance und das Ergebnis im Ring.

Im Job zählt am Ende auch nur das Ergebnis. Es ist Ihren Kunden und Vorgesetzten ziemlich egal, ob Ihnen die Arbeit Spaß macht oder nicht. Wichtig ist, dass das Ergebnis zur gewünschten Zeit in der gewünschten Qualität und innerhalb des vereinbarten Budgets vorliegt. Das fängt schon bei kleineren Aufgaben an und wird umso komplizierter, je größer und je länger die Aufgaben andauern. Deshalb ist es sinnvoll, sich mit den Anforderungen des Ziels zu beschäftigen

Kein Wettkampf ohne Vorbereitung, kein Ziel ohne Planung

Vielleicht kennen Sie das aus dem Projektmanagement. Ein Ziel ist von drei Größen abhängig ist: Zeit, Geld und Qualität. Ich gehe einen Schritt weiter und füge noch Vitalität hinzu. Wenn Sie ein Ziel haben, auf das Sie mehrere Wochen, Monate oder Jahre hinarbeiten, müssen Sie Ihre Kraft, Konzentration und Kondition gut einteilen. Erinnern Sie sich? Sie müssen wie Wasser sein.

1. Faktor Zeit

In der Regel muss das Ergebnis zu einem festen Termin abgeliefert werden. Viele Menschen neigen dazu, erst kurz vor der Deadline auf Hochtouren umzuschalten. Sie „brauchen" den Druck, um endlich anzufangen. Dagegen ist grundsätzlich nichts einzuwenden. Gesünder ist es, frühzeitig anzufangen. Heute grenzt es schon fast an Wunder, wenn gemachte Zusagen eingehalten und Ergebnisse pünktlich abgeliefert werden. Wie oft erlebe ich, dass Termine verschoben werden müssen, weil „es nicht zu schaffen war" und „so viel zu tun ist." Jeder hat viel zu tun. Damit klar zu kommen, ist eine Frage der Prioritäten. Je früher Sie mit der Umsetzung anfangen, um so eher sind Sie fertig.

2. Faktor Geld

Jedes Ziel, das Sie verfolgen, kostet Geld. Verschaffen Sie sich unbedingt einen umfassenden Überblick hinsichtlich anstehender Investitionen. Nehmen Sie sich dafür genügend Zeit, bevor Sie den ersten Schritt Richtung Ziel gehen. Müssen Sie feststellen, dass Sie das hierfür benötigte Geld nicht haben oder ausgeben wollen, ist es vertane Zeit, noch mehr Zeit und Energie in dieses Projekt zu investieren. Es besteht aber auch die Möglichkeit, Geld in Zeitersparnis zu investieren. Wie meine ich das?

Sehr wahrscheinlich gibt es irgendwo jemanden auf der Welt, der schon erreicht hat, was Sie momentan erreichen wollen. Sie können jetzt den Weg suchen, die gleichen Fehler machen und Rückschläge kassieren oder Sie finden diese Person, nehmen mit Ihr Kontakt auf und lernen von ihr. In der Regel wird diese Person für Know-how und Erkenntnisse einen Preis verlangen.

Ich kann Ihnen nur aus meiner eigenen Erfahrung sagen, dass es extrem motivierend ist, von Anfang an das Richtige zu tun. Das Coaching und die Beratungs-Dienstleistungen haben teilweise richtig viel Geld gekostet, aber es hat sich ausgezahlt. Wichtig ist nur zu bedenken, dass Sie es am Ende alleine umsetzen müssen.

3. Faktor Qualität

Beim Boxen ist es am Ende egal, wie Sie gewonnen haben. Den Ring als Sieger zu verlassen ist das Wichtigste. Im Job und im Privatleben sind die Ziele selten so klar. Häufig muss differenziert werden. In der Praxis haben sich für Ziele sogenannte Zielbereiche etabliert. Das heißt, Sie geben den Bereich vor, in dem das Ergebnis liegen muss.

Nicht selten sind sehr ehrgeizige Menschen auch sehr perfektionistisch. Alles muss immer 120 prozentig sein. Daran ist grundsätzlich nichts auszusetzen. Allerdings kann der selbst auferlegte Drang zur Perfektion manchmal hinderlich sein, weil der Fokus zu stark auf der Definition des Zieles liegt und nicht auf dessen Umsetzung. Müssen es bei jedem Ziel 120 Prozent sein oder geben Sie auch mit 90 Prozent zufrieden? Denken Sie dran: Erledigt ist besser als perfekt.

4. Faktor Vitalität

Ein kluger Boxer, der sich für den Kampf nicht fit fühlt, wird nicht freiwillig in den Ring gehen. Das gesundheitliche Risiko ist viel zu hoch. Warum sollten Sie sich ehrgeizige Ziele aufbürden, wenn Sie nicht die Kraft, Konzentration und Kondition dafür mitbringen? Erfolg ist erstrebenswert und motivierend. Haben Sie dabei aber stets im Blick, welchen Preis Sie dafür zahlen. Ein gesundheitlicher K.o. ist auf keinen Fall hinnehmbar. Kurzfristig an und über seine Leistungsgrenzen zu gehen, kann der Körper verkraften – langfristig gesehen ist das der schnellste Weg ins Krankenhaus.

Mögliche Rückschläge einplanen

Wenn Sie sich ein Ziel vornehmen, dann sind zwei Tatsachen von Anfang an klar:

1. Es gibt keine Garantie, dass Sie das Ziel erreichen.
2. Es gibt Rückschläge.

Seien Sie am Anfang ruhig pessimistisch und malen Sie sich das Worst-Case-Szenario aus. Stellen Sie sich folgende Fragen:

- Was kann im schlimmsten Fall alles passieren?

- Was geschieht mit Ihnen persönlich, wenn Sie das Ziel nicht erreichen?

- Was passiert mit Ihnen beruflich, wenn Sie das Ziel nicht erreichen?

- Wie hoch ist der finanzielle Schaden?

- Wie hoch ist der Image-Schaden?

- Wie hoch ist Ihr persönliches Risiko?

Wenn Sie darüber nachdenken, bekommen Sie es sicherlich mit der Angst zu tun. Angst vor Misserfolg, Angst zu scheitern und Angst davor, in den Augen der Mitmenschen als Loser zu gelten. Normalerweise tun

Menschen alles dafür, sich ihre Angst nicht anmerken zu lassen. Männer überspielen sie mit übertrieben selbstsicherem Auftreten. Frauen neigen dazu, „gute Miene zum bösen Spiel" zu machen. Verständlich! Niemand möchte in der Gesellschaft als Weichei, Warmduscher oder Angsthase gelten.

Angst ist, wie Freude auch, ein ganz normales Gefühl und kein Grund, sich dafür zu schämen. Angstgefühle sind wichtig und sinnvoll. Angst hat auch Vorteile. Ohne Angst würden Sie sich ständig selbst in Gefahr bringen. Sie schärft die Sinne, fördert den Respekt vor dem Ziel und ist schlussendlich auch eine Chance, persönlich zu wachsen – aber nur, wenn Sie sich trauen, den ersten Schritt zu gehen. Angst verpasst uns einen „Kick", sorgt für „Nervenkitzel" und für intensive Erfahrungen. Entscheidend ist die Dosis.

Es geht bei den oben gestellten Fragen darum, sich bewusst zu machen, was alles schief gehen kann und sich den eigenen Ängsten zu stellen. Aber steigern Sie sich bitte nicht hinein. Sie betreten einen schmalen Pfad. Denn dadurch, dass Sie sich mit dem Scheitern beschäftigen kann es sein, dass Sie Ihre Filter auf „scheitern" programmieren und dann eine selbsterfüllende Prophezeiung nach der anderen erleben.

Nochmal: Sich mit den Risiken und Ängsten zu beschäftigen ist das Eine, sich darin zu verlieren das Andere. Angst sollte nicht so weit gehen, dass Berufsleben und Alltag empfindlich eingeschränkt sind und Sie massiv daran hindert, das zu tun, was Sie tun sollten. Das geschieht, wenn wir uns zu stark in den Worst Case hineinsteigern und uns die Situation vor dem geistigen Auge in den schrillsten Farben ausmalen.

Was ist zu tun?

Zerlegen Sie das Ziel und benennen Sie alle wichtigen Einzelschritte. Unterscheiden Sie dabei wieder zwischen Ihrem Interessen- und Einflussbereich. Noch einmal bildlich erklärt: Der Boxring ist der Interessensbereich, Ihr Körper ist der Einflussbereich. Fragen Sie sich, was für das gewünschte Ergebnis zu tun ist?

Schreiben Sie sich entscheidende Schritte jeweils auf eine kleine Karteikarte oder ein Post-it. Verlieren Sie sich aber nicht in Details, sondern haben Sie immer das Ergebnis vor Augen – also so grob wie möglich und so fein wie nötig.

Breiten Sie diese Karteikarten vor sich auf einem großen Tisch aus und bringen Sie die Karten in eine logische Reihenfolge. Nutzen Sie ein Balkendiagramm, um die Ablaufstruktur zu visualisieren. Aufgaben werden als horizontale Balken oder Linien über einer Zeitlinie gezeichnet. Gehen Sie vom Ergebnis aus rückwärts bis zum Startpunkt; Ergebnis ganz rechts, Startpunkt ganz links. Auf diese Art und Weise können Sie Kausalitäten, Zusammenhänge und Ziel-Konflikte viel schneller erkennen. Anschließend lassen sich die Karten in eine Software überführen – müssen es aber nicht.

Ein guter Plan soll Sie mental entlasten und Ihnen ermöglichen, dass Sie an nichts Wichtiges denken oder sich daran erinnern müssen, so dass Sie sich voll und ganz auf die Umsetzung fokussieren können.

Ein Ziel muss gut vorbereitet und konsequent umgesetzt werden. Die Gefahr zu scheitern ist hoch und die ersten Rückschläge dürfen keinesfalls dazu führen, dass Sie zu früh das Handtuch werfen.
Deshalb fragen Sie sich ehrlich:

1. Kann ich mein Ziel unter Berücksichtigung meiner momentanen körperlichen, seelischen und geistigen Verfassung in der vorgege-

benen Zeit, in der gewünschten Qualität und mit dem mir zur Verfügung stehenden Budget erreichen?

2. Bin ich bereit das Risiko einzugehen?

Falls Sie diese Fragen mit „Nein" beantworten müssen, kombinieren Sie die vier Faktoren Zeit, Geld, Qualität und Vitalität solange miteinander, bis am Ende ein zufriedenstellendes Ergebnis steht. Fragen Sie sich zum Schluss, was Sie für das Ziel tun müssen.

Zusammenfassung

Sie haben ein Ziel im Kopf? Dann beginnen Sie mit der Umsetzung – aber bitte nicht mit unüberlegtem Aktionismus. Das Vorhaben, ein Ziel zu erreichen ist immer riskant und die Gefahr zu scheitern groß. Spott und Häme sind die Folge: „Hab' ich doch gleich gesagt, dass du das nicht schaffst!" tönt es dann aus Ihrem Umfeld. Und das möchten Sie bestimmt nicht hören.

Setzen Sie sich deshalb mit dem Ziel intensiv auseinander, machen Sie sich mögliche Rückschläge klar und seien Sie sich bewusst, dass es keine Garantie für die Zielerreichung gibt.

Ob es letztendlich funktioniert, finden Sie erst heraus, wenn Sie dazu bereit sind, den Schutz der Ringecke zu verlassen und die einzelnen Schritte umzusetzen – und es dann auch wirklich tun.

Runde 3 – Den Schutz der Ringecke aufgeben

Mittlerweile hatte ich bei den Kämpfen eine gewisse Routine. Drei Tage vorher anreisen, medizinischer Check-up und Auftritt bei TV TOTAL. Am Kampftag gemeinsames Essen mit den anderen Titel-Verteidigern, Studio-Begehung und Besprechung der Regeln mit dem Ringrichter. Dann aufwärmen, dann kämpfen.

Bei der Sendung TV Total wurde der Name meines Gegners genannt. Ich habe versucht, im Internet noch etwas mehr über ihn herauszufinden. Vielleicht gab es sogar bei youtube ein Video von ihm. Es waren ja alles Hobby-Boxer, bestenfalls Amateurboxer. Deshalb konnte ich auch nichts Verwertbares finden. Bei keinem der fünf Kämpfe wusste ich, wie der Gegner boxt, ob ich den Kampf unverletzt überstehe. Und ich wusste schon gar nicht, ob ich den Kampf gewinnen werde. Das konnte ich nur heraus, wenn ich mich dem Kampf stellte.

An dieses besondere Gefühl – eine Mischung aus Anspannung und Freude, Respekt und Angst – kann ich mich nicht gewöhnen. Es ist schon ein mulmiges Gefühl zu wissen, dass ich abends vor einen Millionenpublikum boxen werde und Familie und Freunde zuschauen. Der Druck ist enorm. Den ganzen Tag kann ich an nichts anderes denken.

Kurz bevor es los geht, fühlen sich die Sekunden wie Stunden an. Der Kopf ist leer. Was gestern war und was morgen ist, ist nicht wichtig. Was zählt ist der Augenblick. Das Hier und Jetzt. Von Kopf bis Fuß bin ich auf Sieg eingestellt. Ich höre die mitgereisten Fans meinen Namen schreien. Der Beifall, das Klatschen pushte mich. Das Adrenalin strömte durch meinen Körper, der Mund trocken, die Arme und Beine schwer. Ich war bereit.

Wenn der Gong ertönt geht es los. Jetzt kommt der Moment der Wahrheit. Ich muss den Schutz der Ringecke verlassen und mich dem Kampf stellen. Keine Ausreden mehr. Jetzt zahlt sich aus, wer sich am besten vorbereitet hat und wer besser, härter und intensiver trainiert hat. Entweder er oder ich, so einfach ist das.

Ich wusste, dass ich mich von den ersten Rückschlägen nicht beirren lassen darf, sondern einfach weiterkämpfen muss. Nach dem ersten Sieg beim Quizboxen stand ich im Backstage-Bereich. Da tippte mir ein Redakteur von TV Total auf die Schulter und sagte zu mir:

„Mensch Christoph, das hätte ich nicht von dir gedacht, dass du so hart zuschlagen kannst. Du siehst doch aus wie ein Messdiener, kämpfst aber wie der Teufel.“

Im Job- und Privatleben ist es genauso. Sie können sich noch so gut vorbereiten und planen – irgendwann kommt der Zeitpunkt der Wahrheit. Sie müssen den „Schutz der Ringecke" aufgeben, sich der Realität stellen und „kämpfen", also ins Handeln kommen. Je schneller das geschieht, um so eher haben Sie Ergebnisse. Erst dann wissen Sie, ob der Plan aufgehen wird, ob Sie den Plan anpassen müssen und ob Sie schlussendlich Ihr Ziel erreichen und den Ring als Sieger verlassen.

Und genau hier liegt das Problem vieler Menschen. Sie finden einfach keinen Anfang. Die meisten Menschen wissen zwar, was sie zu tun haben. Aber trotzdem tun sie es nicht. Sie verbringen ihre Zeit lieber damit, am perfekten Plan zu arbeiten und perfekte Startbedingungen abzuwarten. Oder sie erfinden Ausreden wie beispielsweise den inneren Schweinehund. Aber was bringt Ihnen ein perfekter Plan, der nicht umgesetzt wird? Was bringt es Ihnen, sich mit dem inneren Schweinehund selbst zu belügen? Gar nichts.

Sicherlich kennen Sie nachfolgende Gedanken, die Ihnen in den Kopf kommen, wenn Sie den ersten Schritt gehen wollen:

- „Dafür bist du zu alt, zu jung, zu dick, zu dünn, zu blöd, zu schlau."

- „Für Sport ist es jetzt zu warm, zu kalt, zu hell, zu dunkel, zu früh, zu spät draußen."

- „Nein, den Müller kann ich jetzt nicht anrufen. Der macht bestimmt gerade Mittag."

- „Du bist nicht gut genug dafür."

- „Das hast du noch nie gekonnt."

- „Du bist zu schwach."

- „Du bist ein Versager."

Gehen wir noch einen Schritt weiter. Bitte schauen Sie sich die kleinen Rechenaufgaben an:

1. $9 + 3 = 12$
2. $4 \times 3 \times 2 \times 1 = 24$
3. $18 - 9 = 8$

Was fällt Ihnen auf?

Haben Sie auch festgestellt, dass die dritte Aufgabe **falsch** ist. Das stimmt – und die meisten der Befragten antworten mir ebenso. Aber Sie hätten auch sagen können, dass die ersten beiden oder zwei von drei Aufgaben richtig sind.

Das ist nur ein kleines Beispiel. Aber es verdeutlicht sehr schön, wie sehr wir Menschen auf „Fehler" konditioniert sind und dass die meisten Menschen aufgrund von Schule und Ausbildung unbewusst ein „Fehler-Vermeidungsprogramm" laufen haben.

Kinder werden bis zu 40.000 Mal auf ihre Fehler hingewiesen, bevor sie überhaupt in die Schule kommen. In der Schule, während der Ausbildung und im Studium ist es nicht anders. Ständig wird auf Fehler aufmerksam gemacht. „Aus Fehlern lernen" lautet die positive Absicht dahinter. Das Selbstwertgefühl leidet jedoch darunter, ständig darauf hingewiesen zu werden, etwas nicht zu können und das dann auch noch schwarz oder eben „rot" auf weiß serviert bekomme. Irgendwann beginnen diese Menschen, ihren Eltern, den Lehrern oder der Gesellschaft zu glauben. Sie sind sicher, nicht gut genug zu sein, so wie sie sind. Sie sind regelrecht auf Fehler programmiert und haben Angst davor, welche zu machen.

Und darin liegt auch die Ursache dafür, warum sich viele Menschen nicht trauen, den ersten Schritt zu tun. Sie haben Angst vor Fehlern, vor Kritik und davor, was andere Menschen von ihnen denken könnten. Angst ist ein natürliches Gefühl und zeigt sich in Körperreaktionen wie Herzklopfen, nasse oder zittrige Hände und Magenkribbeln.

Aber Fehler macht doch jeder Mensch. Die Kunst liegt darin, die Fehler dann zu machen, wenn die Auswirkungen nicht so dramatisch sind. Deshalb wird im Boxen stark zwischen Training und Wettkampf unterschieden. Im Training werden verschiedene Kombinationen, Schlagarten und Box-Strategien aus. Im Wettkampf wird dann all das eingesetzt, was der Boxer am besten kann und was am besten zum Gegner passt. Keinem intelligenten Boxer würde einfallen, im Wettkampf etwas Neues auszuprobieren.

Machen Sie die Fehler im Training und nicht im Wettkampf. Lernen Sie im Vorfeld aus Ihren Fehlern und reflektieren Sie, was gut lief und was Sie noch besser machen können.

Fragen Sie sich:

Was hindert mich anzufangen?

Schreiben Sie die Hinderungsgründe auf und machen Sie sich Ihre Angst bewusst. Wer sich der Angst stellt, verringert sie. Es gibt verschiedene Methoden und Ansätze, wie Ängste behandelt werden können. Ich muss dazu sagen, dass ich weder Arzt noch Psychologe bin. Ich bin Praktiker und ich habe einige Methoden ausprobiert. Dazu gehörten: Affirmationen, Gesprächstherapie, Coaching, Klopftechniken und geführte Meditationen. Am Ende habe ich aus den verschiedenen Methoden eine ganz eigene Art entwickelt, um mit meiner Angst umzugehen. Bei den Ängsten vor einem Boxkampf oder im Alltag habe ich sie erfolgreich angewendet. Bei tiefer gehenden Ängsten konsultieren Sie bitte einen Therapeuten oder Arzt Ihres Vertrauens.

Die Übung geht so: Setzen Sie sich auf einen Stuhl und schließen Sie die Augen. Fangen Sie an, Ihren Atem zu beobachten und nähern Sie sich in Ihrer Vorstellung langsam der Angst auslösenden Situation. Aber nur so weit, dass es gerade noch auszuhalten ist. Es geht darum, die aufsteigende Angst zu fühlen und darauf zu warten, wie der Körper darauf reagieren wird; mal mit Herzklopfen, mal mit feuchten Händen oder diversen Muskelanspannungen. Ich blieb solange in der Situation, bis sich der Körper „abreagiert" hatte. Meistens dauert diese Phase zwischen fünf und zwanzig Minuten. Nach dieser „Zitterpartie" blockiert die Angst Sie nicht mehr.

Sagen Sie den Ausreden den Kampf an (und ein „Tier" hilft ihnen dabei)

Jetzt möchte ich Ihnen jemanden vorstellen, der Sie ermutigt und unterstützt, ins Handeln zu kommen.

Durch die Kommentare beim Quizboxen hatte ich auch schnell meinen Spitznamen weg: **„Teegetier".** Mit einem Augenzwinkern sprachen mich die Menschen mit diesen Namen an, selbst der Kommentator Frank Buschmann benutzte das Wort „Teegetier."

Christoph „Teegetier" Teege und seine mitgereisten Fans.

Während der Schreibphase für das Buch kam ich auf die Idee, das „Teegetier" als Gegenspieler meines inneren Schweinehundes zu verwenden. Der Schweinehund bezieht sich auf die aktuelle IST-Situation. Das „Teegetier" kämpft wie der Teufel als kultivierter innerer Antreiber für die SOLL-Situation. Das „Teegetier" denkt nicht ‚Ich muss', sondern ‚Ich will'. Das Teegetier motiviert, das zu tun, was einfach für das Ziel getan werden muss, in dem es sagt: **T**u **E**s Einfach – **G**anz **E**infach.

Es ist wie der Schweinehund einfach nur ein Bild, allerdings ein äußerst motivierendes.

Übernehmen Sie Verantwortung und machen Sie sich klar, warum Sie das Ziel erreichen wollen. Denken Sie an das Trägheitsgesetz F = ma. Ist der Körper im Ruhezustand, muss die Reibungskraft überwunden werden, im Anschluss daran die Gleitkraft. Die Gleitkraft ist niedriger als die Reibungskraft. Das bedeutet im übertragenen Sinne: Der erste Schritt ist der schwierigste. Sind Sie erst einmal ins Handeln gekommen, fällt es Ihnen wesentlich leichter dranzubleiben. Es müssen auch nicht immer 120 Prozent sein. Manchmal reichen 90 Prozent, um ein akzeptables Ergebnis zu erzielen. Am Ende entscheidet der Leistungsempfänger über die Qualität. Da Sie es nie allen recht machen können, streben Sie Perfektion ruhig an, aber lassen Sie sich von ihr nicht einengen. Beim Boxen zählt am Ende auch nur der Sieg. Wie am Ende gewonnen wird, spielt nachher keine Rolle mehr. Gewonnen ist gewonnen! Erledigt ist erledigt!

Erlauben Sie sich, dass Sie Hilfe und Unterstützung in Anspruch nehmen. Sie müssen sich nicht schlecht fühlen oder schämen, wenn Sie in einem Bereich Unterstützung benötigen.

Fragen Sie sich also:

Wen oder was hätte ich gerne, um anfangen zu können?

Akzente setzen in der VIP-Zeit

Wenn Sie ein Ziel haben, auf das Sie mehrere Wochen, Monate und Jahre hinarbeiten, müssen Sie Ihre Kraft, Konzentration und Kondition gut einteilen und in entscheidenden Momenten die richtigen Akzente setzen. Sie erinnern sich: Sie müssen wie Wasser sein.

Wenn Sie die Aufgaben und Übungen aus den Runden 1 und 2 gemacht haben, liegt ein Schritt-für-Schritt-Maßnahmenplan vor Ihnen. Um diesen Schritt-für-Schritt Maßnahmenplan umzusetzen, hat sich das Konzept „VIP-Zeit", wie ich es nenne, bewährt. Die VIP-Zeit umfasst einen festen Block von 60 bis 120 Minuten am Tag. Im Job ist es meist die Anfangszeit des Arbeitstages. Sie können die VIP-Zeit auch gerne ausdehnen. Die Dauer richtet sich nach Ihrer Konzentrationsfähigkeit und der Vereinbarkeit mit dem Tagesgeschäft.

In der VIP-Zeit sind Sie die wichtigste Person. Es ist wieder gesunder Egoismus gefragt. Schalten Sie alle Ablenkungen und Störfaktoren wie Handy, Telefon und automatisches Senden/ Empfangen des Mail-Programms aus. Sorgen Sie dafür, dass Sie in dieser Zeit ungestört und konzentriert arbeiten können. Ziehen Sie mental die Boxhandschuhe an und verteidigen Sie diese Zeit – sonst werden Sie früher oder später vom Tagesgeschäft K.o. geschlagen.

Setzen Sie sich in den 60 bis 120 Minuten unter positiven Stress, indem Sie so viel wie möglich erledigen. Das schärft den Fokus und fördert Ihre volle Konzentration. Die Erwartung darf aber nicht so hoch sein, dass Sie überfordert sind. Sie müssen die Aufgaben noch erledigen können. Dann kann es passieren, dass Sie in einen Flow kommen. Der Glücksforscher Mihály Csíkszentmihályi gilt als Erfinder der Flow-Theorie, die er aus der Beobachtung verschiedener Lebensbereiche heraus entwickelt (unter anderem von Extremsportlern und Chirurgen) und in zahlreichen Beiträgen veröffentlicht hat.

Im Flow zu sein bedeutet, entspannt und konzentriert zu sein mit dem Gefühl, dass die Zeit wie im Flug vergeht. Es ist wie entspanntes Fahren auf langen Autofahrten. Wenn Sie am Zielort angekommen sind, haben Sie nicht das Gefühl, dass es lange gedauert hat. Sie haben die Zeit völlig vergessen und sind in der Tätigkeit aufgegangen. Flow ist ein Zustand, keine Technik.

Nach der VIP-Zeit kommt das Tagesgeschäft. Nun kümmern Sie sich um Mails, Telefonate und Routine-Aufgaben. Gegen Ende des Tages gönnen Sie sich eine Regenerationsphase, um wieder Kraft für den neuen Tag zu tanken. So haben Sie jeden Tag eine gelungene Balance zwischen Anspannung und Entspannung.

Private Ziele zu erreichen ist viel einfacher als berufliche. Im Schnitt sehen die Deutschen bis zu vier Stunden täglich fern. Wer keine Zeit hat, sieht einfach weniger fern. So einfach ist das.

Zusammenfassung

Sie müssen den Schutz der Ringecke verlassen. Nur dann bekommen Sie Ergebnisse und wissen, ob der Plan aufgeht oder ob er angepasst werden muss.

Wenn Sie nicht aktiv an die Umsetzung herangehen können, dann gehen Sie den wahren Gründen auf die Spur. Meist steckt Angst dahinter. Stellen Sie sich der Angst und lösen Sie die Angst auf, indem Sie sich mit ihr auseinandersetzen.

Wenn Sie die Hinderungsgründe aus dem Weg geräumt haben und wissen, was zu tun ist, dann denken Sie an das Teegetier:

Tu Es Einfach – Ganz Einfach.

Setzen Sie in der VIP-Zeit die richtigen Akzente und erledigen Sie die wichtigen Schritte konsequent, die für das Ziel erforderlich sind – jeden Tag. Anschließend kümmern Sie sich um das Tagesgeschäft, bevor Sie sich abends eine Regenerationsphase gönnen, in der Sie Kraft tanken können. Damit schaffen Sie optimale Voraussetzungen, um den Ring als Sieger zu verlassen und an Ihr Ziel zu kommen.

Runde 4: Immer auf die Deckung achten

„Achte auf deine Deckung, bewege dich und wenn du ihn hast, dann schlag zu." Das waren die letzten Tipps meines Boxtrainers für die Boxkämpfe.

In der Kampfvorbereitung haben wir größtenteils Deckung und Bewegung trainiert. Das war meine „Lebensversicherung." Mir war klar, dass meine Gegner versuchen werden, mich im Boxring K.o. zu schlagen. Im Quiz waren meine Gegner fast immer chancenlos. In den Kämpfen konzentrierte ich mich darauf, nicht getroffen zu werden. Unter Stress Konzentration aufzubauen und zu halten ist extrem anstrengend und lässt sich über einen längeren Zeitraum nur schwer realisieren.

Von außen sieht Boxen auch nicht anstrengend aus, so dass sich der Zuschauer häufig fragt: ‚Warum haben die Boxer die Deckung unten, und warum schlagen die nicht einfach zu?'

Aber ich sage Ihnen: Schon zwei Minuten Boxen können die Hölle sein. Boxen ist wie Sprinten – mit zwei großen Unterschieden. Erstens kriegt der Boxer durch den Mundschutz weniger Luft und zweitens wird er zusätzlich noch geschlagen. Beides nimmt ihm die Luft und geht an die Substanz.

Also war ich gut beraten, meine Kraft sehr genau einzuteilen, um im wahrsten Sinne des Wortes „über die Runden" zu kommen. Ich atmete so gut es geht, presste meine Handschuhe an die Schläfen und war im Ring ständig in Bewegung. Ich wich den Schlägen aus, verschanzte mich hinter meiner Doppeldeckung und ließ meinen Gegner sich auspowern. Sobald er mit seinem Angriff fertig war, ging ich zum Gegenangriff über und setze ein paar gute Treffer. Dann habe ich die Deckung gehalten und mich im Ring bewegt.

Sobald die Boxrunde zu Ende war, hatte ich ungefähr zehn Sekunden Zeit, um mich zu erholen und meinen Puls mit zwei, drei tiefen Atemzügen „herunterzufahren". So konnte ich mich auf die Fragen am Quizpult konzentrieren. Während meine Gegner sich am Pult hingesetzt haben, blieb ich immer stehen. Auch das hatte zwei Gründe. Erstens konnte ich weiterhin tiefer atmen und mich so besser erholen. Und zweitens konnte ich als Erster wieder in den Ring steigen, um meinem Gegner damit zu signalisieren, dass ich noch fit und „Chef im Ring" bin.

Nach den Kämpfen folgte eine Regenerationsphase. In der Regel waren das nur ein paar Tage. Aber selbst ein Tag oder zwei Tage reichen aus, um sich komplett zu erholen und um Kraft, Konzentration und Kondition für den nächsten Kampf zu tanken.

Im Job und im Privatleben müssen Sie auf Ihre Deckung achten, um nicht gesundheitlich K.o. zu gehen. Legen Sie regelmäßige Regenerationsphase ein, damit Sie Kraft, Konzentration und Kondition tanken können. Beides zusammen stärkt Ihre Vitalität.

Im Lexikon der Biologie steht als Definition für Vitalität:
   „Vitalität (w) [von latein. vitalitas = Lebenskraft; Adj. vital], die erblich bedingte und durch Umwelteinflüsse modifizierte „Lebensfähigkeit" eines Individuums im Vergleich zu einer anderen."

Vitalität ist das Zusammenspiel von Bewegung, Ernährung, Entspannung. Dabei greift alles ineinander und wirkt sich positiv auf alle anderen Bereiche aus. Wenn Sie sich mehr bewegen, steigern Sie Ihre körperliche Fitness und Belastbarkeit. Sie bekommen nach einigen Wochen richtig Hunger auf gesunde Lebensmittel wie frisches Obst und Gemüse. Ihre Belohnung ist ein besseres Körpergefühl. Sie sind meist gelassener im Umgang mit Stress, können sich besser konzentrieren und fühlen sich rundherum wohl in Ihrer Haut. Das führt dazu, dass Sie Aufgaben schneller und besser erledigen, was wiederum zu mehr Freiräumen im Privatleben führt.

Und ganz nebenbei tun Sie auch aktiv etwas gegen Zivilisationskrankheiten wie Übergewicht, Diabetes und Rückenschmerzen.
   Aus den eigenen Erfahrungen und den Erfahrungen mit Kunden ist

im Laufe der Zeit eine ganze eigene, sagen wir eine etwas stärker motivierende „Definition" von Vitalität entstanden.

Vitalität ist das schöne Gefühl,

- morgens ausgeschlafen und voll Tatendrang zu sein,
- Bäume ausreißen zu können,
- stark, sicher und gesund zu sein,
- fünf Stockwerke hoch zu laufen und nicht atemlos zu sein,
- einfach gelassener und entspannter zu sein.

Vitalität bedeutet auch,

- Komplimente vom Arzt für gute Blutwerte zu bekommen, sich in seinem Körper wieder wohl zu fühlen,
- alles essen zu können, aber nicht alles essen zu wollen,
- abends noch genügend Kraft zu haben, um mit den Kindern zu spielen und ...
- ... Vitalität ist sexy, attraktiv und einfach geil – sorry für diesen Ausdruck.

Sie sehen, es hat jede Menge Vorteile, sich genauer mit dem Thema Vitalität zu beschäftigen.

Zu diesem Thema habe ich noch eine gute und eine schlechte Nachricht für Sie. Die schlechte Nachricht ist: Vitalität gehört zu den wenigen Bereichen, die Sie nicht delegieren können – weder an Ihren Partner noch an Ihre Kollegen und Freunde. Da müssen Sie selber ran. Die gute Nachricht ist, dass Sie all die oben beschriebenen Vorteile selber durch Ihren Lebensstil positiv beeinflussen können – und das meiste bekommen Sie sogar noch kostenlos und müssen nicht extra Geld investieren.

Bewegung

Der Volksmund sagt „Sport ist Mord" – und wissen Sie was? Da stimme ich zu und sage: „Breitensport ist Massenmord." Bewegung, Sport und Fitness unterliegen gewissen Gesetzmäßigkeiten, die durch Ausbildung und Studium erworben werden können. Wer sich daran orientiert, wird Spaß am Sport haben, macht Fortschritte und fühlt sich gesund und motiviert. Wer sich jedoch nicht an diese Gesetzmäßigkeiten hält, wird schnell frustriert sein. Und leider unterschätzen viele Menschen das Knowhow.

Als Fitness-Coach habe ich viele solcher Menschen kennengelernt. Sie haben es am Anfang übertrieben und waren gleich mehrere Stunden täglich beim Sport, die Regenerationsphase wurde vernachlässigt. Mit „harten Bandagen" haben sie – übermotiviert und verbissen – ihren Körper an seine Grenzen geführt. Vielfach auch darüber hinaus, um schnelle Erfolge zu sehen. Doch dieses Training konnten sie nicht lange durchhalten und kehrten schnell wieder zu alten Gewohnheiten zurück. Und am Ende waren sie genauso frustriert wie am Anfang.

Für einen möglichst leichten Einstieg und lange Freude an Bewegung müssen Sie das grundlegende Trainingsprinzip verstehen. Das grundlegende Trainingsprinzip ist die Superkompensation.

Superkompensation bedeutet, dass sich der Körper nach einem intensiven Training nicht nur erholen kann, sondern sich im Laufe der Regenerationsphase über das ursprüngliche Niveau hinaus steigen und für eine gewisse Zeit auf diesem Niveau gehalten werden kann. Wird das erhöhte Niveau für eine neue Trainingsreiz genutzt, bewirkt das eine kontinuierliche Leistungssteigerung.

Sowohl Trainingshäufigkeit als auch Trainingsintensität sind wichtig, damit die Freude am Sport lange anhält. Sie müssen sich beim Sport regelmäßig quälen, damit durch die Trainingsreize eine Anpassung des Körpers hervorgerufen wird.

Es gibt nicht die „optimale" Sportart, die für jeden passt. Vielleicht ist es Laufen, vielleicht Tanzen oder vielleicht haben Sie durch (m)ein Buch Lust bekommen, selbst einmal zu boxen. Finden Sie heraus, was Ihnen Spaß macht. Nutzen Sie die Möglichkeit, an einem kostenlosen Probetraining teilzunehmen, die von den meisten Fitnessstudios angeboten werden.

Finden Sie Ihren Weg, wie Sie mehr Bewegung in Ihren Alltag bringen. Ich will Ihnen noch ein Beispiel dafür geben, dass individuelle Lösungen gefunden werden können.

Eine Führungskraft um die 40 kam zu mir und sagte, er würde gerne mehr Sport machen, habe aber keine Zeit. Und das war keine Ausrede. Er war von morgens bis abends fremdbestimmt und mit Terminen durchgetaktet. Wenn er spät abends nach Hause kam, wollte er nicht nochmal los, sondern bei seiner Familie den Feierabend genießen.

Die Lösung: Morgens hat er auf dem Weg zur Arbeit seine Sporttasche mitgenommen. Nach der Arbeit fuhr er zurück nach Hause. Doch jeden zweiten Tag hielt er, kurz bevor er zu Hause ankam, am Waldrand an, zog sich um und trainierte mit Spaß und Freude 15 Minuten seinen kompletten Körper nach meinen Vorgaben. Danach fuhr er die letzten fünf Minuten seines Weges nach Hause, sprang unter die Dusche und war bereit für den Feierabend. Kurz darauf kündigte er seine überflüssig gewordene Mitgliedschaft im Fitness-Studio und war glücklich.

Clean Eating

Wenn Sie sich ungesund ernähren, fühlen Sie häufig schlapp, antriebslos und müde. Sie kennen wahrscheinlich das Suppen-Koma.

Mein Bild von der aktuellen Ernährungssituation sieht so aus: Ärzte und Wissenschaftler widersprechen sich und der Lektüre diverser Bücher bekommt jeder Leser ein schlechtes Gewissen, der zwischendurch gerne etwas „Süßes" nascht. Fragen Sie zehn Ernährungs-Experten, was „gesunde Ernährung" ist und Sie werden zwölf unterschiedliche Meinungen hören.

Die Basis einer gesunden Ernährung ist dabei vollkommen unkompliziert ist. Es geht "nur" darum, möglichst natürliche, unverarbeitete Nahrung (=clean eating) zu sich zu nehmen.

- viele Vitamine und Vitalstoffe,
- viel Wasser,
- wertvolle Fette, beispielsweise aus Kokosöl, Avocado und Lachs.
- viele Eiweiß aus Eiern,
- wenig bis kein Zucker,
- kaum Fertiggerichte und nur wenig verarbeitete, künstliche Nahrungsmittel mit Konservierungs- und Zusatzstoffen.

Clean Eating heißt auch, auf kernlose Trauben zu verzichten wie auf die künstlich gezüchtete Süße der Sweet Ananas. Das hat nichts mit Natürlichkeit zu tun. Gehen Sie einmal zum Wochenmarkt und probieren Sie frische Äpfel. Die schmecken ganz anders als die Äpfel aus dem Supermarkt. Auf Diäten, Kalorien zählen oder das mühsame Notieren von Punkten der verzehrten Lebensmittel kann verzichtet werden, wenn Sie überprüfen, ob das Lebensmittel *natürlich* ist oder industriell verarbeitet wurde.

Und denken Sie daran, dass das Essen auch schmecken soll. Sie müssen ja nicht gleich die komplette Ernährung umstellen. Probieren Sie es doch einmal mit einer Gewichtung von 70 zu 30. 70 Prozent pro Tag essen Sie gesund, mit den anderen 30 Prozent gönnen Sie sich, worauf Sie Lust haben. Wenn Sie es genauer wissen möchten, lassen Sie wie ich eine Ernährungs- und Stoffwechselanalyse durchführen.

Relax!

Im Job geht es um Leistung und nicht um Entspannung. Ein Unternehmen ist schließlich keine Kuranstalt. Und trotzdem ist es sinnvoll, auch tagsüber kleine Pausen einzulegen. Konzentration und Leistungsfähigkeit schwanken im Laufe des Tages. Sie können sich nicht acht Stunden permanent konzentrieren. Viele Menschen denken, sie seien richtige „Konzentrationsmaschinen" und könnten jeden Tag acht Stunden permanent Leistung bringen. Sie und ich wissen, dass das nicht geht.

Es geht darum, über den Tag konstante Leistung zu erbringen. Was spricht dagegen eine Pause einzulegen, wenn Ihre Konzentration nachlässt, sich dadurch Fehler häufen und Sie müde werden. Pause machen ist doch keineswegs mit „nichts tun" gleichzusetzen.

Eine Pause erfahren Sie auch durch einen häufigeren Wechsel Ihrer Arbeitsplatz-Position. In meinem Büro habe ich einen Schreibtisch und ein Steh-Pult. Das hat zwei Vorteile. Erstens kann ich einen Großteil der Arbeit im Stehen erledigen und zweitens weiß ich, wann ich eine Pause machen sollte; immer dann, wenn ich mich abstützen will. Das ist für mich das Signal, meinem Körper eine Pause zu gönnen. Acht Stunden stehen ist genauso anstrengend wie sitzen – und mit Sicherheit keine Dauer-Lösung. Aber der Mix aus Stehen, Sitzen und Gehen ist möglicherweise die richtige Rezeptur für entspanntes Arbeiten.

Richten Sie Ihren Arbeitsplatz so ein, dass Sie optimal arbeiten können. Achten Sie auf gute Technik und gute Möbel, sodass Sie sich gerne dort aufhalten. Vielleicht mögen Sie inspirierende Bilder, Blumen oder dezente Musik im Hintergrund.

Im Zusammenhang mit Entspannung ist es sehr interessant, auch den eigenen Schlaf einmal etwas genauer unter die Lupe zu nehmen. Fast alle

Menschen schlafen gemäß Ein-Phasen-Muster, also beispielsweise acht Stunden am Stück. Die übrige Zeit des 24-Stunden-Tages sind sie wach.

Es gibt jedoch die Möglichkeit, die lange Schlafphase zu reduzieren und dafür tagsüber mehrere kleinere Nickerchen, sogenannte PowerNaps, einzubauen. Es geht nicht darum, „mit harten Bandagen" noch mehr Zeit herauszuholen und jede freie Minute mit Arbeit vollzustopfen. Es geht darum, tagsüber neue Energie zu gewinnen.

Ein extremes Beispiel mit vielen kleinen PowerNaps ist das Uberman Muster. Es ist benannt nach dem Nietz'schen Übermenschen: Alle vier Stunden wird 20 Minuten geschlafen. Insgesamt werden so nur 1,5 bis drei Stunden Schlaf pro Tag benötigt, ohne Müdigkeitserscheinungen zu bekommen. Ich habe es vier Wochen ausprobiert. Für mich ist dieses Prinzip nicht mit Arbeit und Familie verträglich.

Der Everyman hat in der Praxis besser funktioniert. Der Kernschlaf dauert eineinhalb, drei oder viereinhalb Stunden lang, entspricht also einem Vielfachen von 90 Minuten. So wird sichergestellt, dass immer eine komplette REM-Phase abgeschlossen ist. Tagsüber werden noch zwei bis drei PowerNaps von 10 bis 15 Minuten eingelegt.

Am einfachsten in der Praxis anzuwenden ist der einfache PowerNap, also wenn Sie nur einmal 10 bis 15 Minuten ein Nickerchen machen. Zu meinen Kunden gehören auch Außendienst-Mitarbeiter, die viel Auto fahren. Seitdem sie den Tipp befolgen, bekämpfen Sie nicht mehr die Müdigkeit am Steuer, sondern kalkulieren 10 bis 15 Minuten mehr Fahrzeit für den PowerNap ein. Das ist zehn Minuten gut investierte Zeit, um erholt, ausgeruht und konzentriert beim Kunden anzukommen.

Eine weitere Möglichkeit, im Job und Privatleben für mehr Entspannung zu sorgen, ist das Delegieren – und zwar nicht an die eigenen Mitarbeiter, sondern an externe Dienstleister. Für nahezu alles andere gibt es Spezialisten, Freiberufler und sogenannte Virtuelle persönliche Assistenten (VPAs).

Ich nutze VPAs, um beispielsweise im Internet Seminarräume, potentielle Kunden und Veranstaltungen zu finden. VPAs haben mir auch dabei geholfen, Ansprechpartner für Blogs, Fachzeitschriften und Zeitungen ausfindig zu machen. Das Delegieren ist eine sinnvolle Investition. Sie müssen nicht alles selbst machen – schon gar nicht in der heutigen Zeit.

Achtung, Freizeitstress

Entspannung ist eine große Herausforderung in der heutigen Zeit. Hier lauern die gesellschaftlichen Angriffe auf Sie. Um nicht den Ruf eines Langweilers zu bekommen, werden Einladungen angenommen, obwohl Sie einen gemütliche Spiele- oder Fernsehabend geplant hatten. Das ist Freizeitstress mit noch mehr Druck und noch weniger Zeit für sich.

Nehmen Sie nur Einladungen an, zu denen Sie auch innerlich ja sagen können. Weniger ist oftmals mehr. Wählen Sie Freizeitaktivitäten, die Ihnen Spaß machen und auf die Sie sich freuen. Zu viele verschiedene Aktivitäten bereiten Ihnen zusätzlichen Stress. Nutzen Sie die freie Zeit, um abzuschalten und zu regenerieren – geistig wie körperlich.

Fragen Sie sich:

- Wie kann ich mich am besten regenerieren und erholen?
- Was gibt mir Kraft und stärkt mich?

Zusammenfassung

Um ein Ziel zu erreichen, brauchen Sie über einen langen Zeitraum Kraft, Konzentration und Kondition und müssen gesund bleiben. Wenn Sie den Schutz der Ringecke verlassen, werden Sie einige Rückschläge erleiden. Umso wichtiger ist eine gute Deckung, damit Sie nicht frühzeitig gesundheitlich K.o. gehen. Die gute Deckung bekommen Sie, in dem Sie Ihre Vitalität durch Bewegung, Ernährung und Entspannung steigern.

Idealerweise blocken Sie nach der VIP-Zeit und dem Tagesgeschäft Zeit, um sich zu erholen.

Achten Sie darauf, dass Sie nicht in Freizeitstress geraten. Qualität geht vor Quantität.

Runde 5 – Bis(s) zum bitteren Ende

5. Februar 2013, der 3. Kampf beim Quizboxen. Dieses Mal war der Gegner ein richtig starker Boxer. Als der in den Ring kam, stockte mir der Atem. Der wirkte sehr selbstbewusst, war gut zehn Zentimeter größer als ich und hatte Arme wie ich Beine. Der Kampf fing an. Er prügelte sofort wie ein wilder Stier auf mich ein. Meiner Deckung habe ich es zu verdanken, das ich nicht gleich in der ersten Runde K.o. gegangen bin.

Und dann passierte etwas, das vorher noch nie im Sparring und bei einem Kampf vorgekommen ist. Ich habe beide Kontaktlinsen verloren – und bei fast -5 Dioptrien ist das schon eine gewaltige Einschränkung. Ich hatte keine Ersatzlinsen am Ring. Aufgeben war für mich keine Option. Ich ließ mir meine Schwäche nicht anmerken, kämpfte weiter und achtete noch mehr als sonst auf meine Deckung und darauf, dass ich mich bewege. Meine Schläge verfehlten oft das Ziel, stattdessen habe ich einige schwere Treffer bekommen – und einen linken Kopfhaken, der mich richtig „durchgeschüttelt" hat. Bei den Quiz-Fragen musste ich die Augen so fest zusammenkneifen, dass ich davon Kopfschmerzen bekam.

5.2.2013. Christoph Teege (li.) kassiert einen schweren Treffer von dem Herausforderer Jens Schlei. ©Brainpool/WilliWeber

Die Entscheidung über Sieg und Niederlage fiel in der 10. Runde. Es war ein Kopf-an-Kopf-Rennen. Aber auch diesen Kampf konnte ich für mich entscheiden. Im Vergleich zu den Kämpfen zuvor fiel der Jubel eher verhalten aus. Mir war schlecht. Die Luft war raus. Ich wollte nicht mehr.

Am nächsten Tag auf dem Weg nach Hause hatte ich starke Kopfschmerzen. In meinem Kopf poppten Gedanken auf: ‚Sei froh und dankbar, dass du soweit gekommen bist. Gib dich zufrieden mit dem erreichten Sieg. Du hast schon mehr geschafft, als du je zu träumen gewagt hast. Du hast eine schöne Stange Geld gewonnen. Lieber als Sieger aufhören; höre auf, wenn es am schönsten ist.“

Es gab eine Person in meinem Leben, der ich es zu verdanken habe, dass ich weitergemacht habe. Und das war meine einjährige Tochter. Ich hatte sie auf dem Arm. Sie schaute mich mit ihren blauen Augen an und lächelte mich mit ihren zwei Schneidezähnchen an. Wenn sie größer ist, wird sie herausfinden, dass ich beim Quizboxen dabei war. Ich dachte nur: ‚Was wird sie später von mir denken, wenn ich jetzt aufgebe. Was soll ich dann antworten? Soll ich ihr sagen, dass ich so kurz vor Schluss aufgehört habe, weil ich keine Lust mehr hatte?‘ – Nein, das kam für mich nicht infrage!‘

Mein Ehrgeiz war wieder da. Ich riss mich zusammen und mobilisierte die letzten Kräfte. Die Show geht höchstens noch acht Wochen – es sind im besten Fall zwei Kämpfe. Was sind schon acht Wochen? Acht Wochen sind ein Witz. Seit diesem 3. Kampf am 5. Februar 2013 hatte ich immer Kontaktlinsen bei den Kämpfen dabei. Die kamen auch tatsächlich zum Einsatz. So ein Glück, das ich sie dabei hatte. Ich gewann nicht nur den 4., sondern auch als Einziger den Kampf um den Superchamp. Aber danach fiel ich um und brauchte dringend eine Auszeit – Urlaub, Erholung.

Heute weiß ich, dass ich mein Ziel erst dann sicher erreicht habe, wenn ich tatsächlich dort angekommen bin. Selbst kurz vor der Zielgeraden können mich noch herbe Rückschläge ereilen. Oder es tauchen plötzlich Hindernisse auf, an die ich vorher nicht im Traum gedacht habe.

Im Job und im Privatleben werden Sie von Menschen enttäuscht, denen Sie vertraut haben. Sie werden scharf kritisiert für das, was Sie tun. Vielleicht müssen Sie feststellen, dass Sie über den Tisch gezogen worden sind und in der Vergangenheit öfter falsche Prioritäten gesetzt haben.

Wenn durch zu viele Rückschläge das Ziel in weite Ferne rückt, wird der Glaube an sich selbst auf eine harte Probe gestellt. Sie hadern mit dem Schicksal. Statt Fortschritt spüren Sie Rückschritt, bestenfalls Stagnation und es tauchen Momente des Selbstzweifels auf: *„Soll ich aufgeben und das Handtuch werfen oder bleibe ich dran und boxe mich durch?"*

Soll ich mich durchboxen oder lieber das Handtuch werfen?

Wenn Sie vor dieser Entscheidung stehen, bekommen Sie immer die gleichen Durchhalte-Parolen zu hören: dranbleiben, sich durchboxen, niemals aufgeben!

Ich sehe das ein wenig differenzierter. Nicht immer ist es sinnvoll, durchzuhalten und sich „mit harten Bandagen" durchzuboxen. Es kommt ganz auf die Beweggründe, die Situation und die erforderlichen Konsequenzen an.

Stellen Sie sich diese Fragen und analysieren Sie die Situation:

- Was genau ist das Problem und was genau bereitet Ihnen Schmerzen?

- Warum wollen Sie aufgeben?

- Warum wollen Sie weitermachen?

- Warum haben Sie angefangen?

- Wie sehr fühlen Sie sich vom Ziel angezogen?

Machen Sie sich bewusst, welche langfristigen Konsequenzen es hätte, wenn Sie an diesem entscheidenden Punkt aufgeben oder dranbleiben. Diese Antworten kann Ihnen keiner geben. Sie sind in Ihnen.

Achten Sie bei den Antworten nicht nur auf die nackten Fakten, sondern auch Ihr Gefühl. Die Emotionen sind unsere treibenden Kräfte, die die Trägheit überwinden. Allerdings sind diese Signale meist leise und werden gerne überhört. Wenn Sie nach der Analyse merken, dass der Kampf aussichtslos und die Gesundheit ernsthaft gefährdet ist, ist ein Durchboxen sinnlos. Eine uralte Weisheit der Dakota-Indianer besagt:

„Wenn Du entdeckst, dass Du ein totes Pferd reitest, steig ab."

Wenn Sie also feststellen, dass Sie ein „totes Pferd" reiten, dann steigen Sie ab, „werfen Sie das Handtuch". Das erfordert viel Mut, Größe und zeigt den wahren Charakter.

Zugegeben: Aufzugeben oder sich einzugestehen, dass der eingeschlagene Weg nicht zum gewünschten Erfolg geführt hat, ist bitter und schmerzt. In unserer Leistungsgesellschaft will niemand verlieren oder als Versager gelten. Viele verbuchen das in der Kategorie „scheitern" und schämen sich sogar dafür. Aber solange Sie sich sicher sind, die richtige Entscheidung getroffen und alles gegeben zu haben, dürfen Sie den Ring mit erhobenem Haupt verlassen. Lassen Sie die anderen ruhig über Sie reden. Und wer weiß, wozu die erlittene Niederlage später einmal gut sein wird. Sie erinnern sich. Vorwärts leben, rückwärts verstehen.

Solange der Gedanke an das Ziel Sie noch emotional bewegt und die Fakten nicht niederschmetternd sind, lassen Sie sich bitte nicht von den Rückschlägen einschüchtern, sondern kämpfen Sie weiter und boxen Sie sich durch. Austeilen können viele – einstecken nur wenige Menschen. Akzeptieren Sie die Tatsache, dass dieser Rückschlag Sie an den Rand des Aufgebens gebracht hat und lernen Sie aus dem Schmerz.

LDS – Lernen durch Schmerz

Lernen durch Schmerz klingt martialisch und brutal, hat aber eine gute Message. Wenn Sie weitermachen und Ihr Ziel konsequent verfolgen, müssen Sie vielleicht noch Tage, Wochen oder Monate Schmerzen ertragen. Aber wenn Sie zu früh aufgeben, dann bleiben die Schmerzen der Enttäuschung ein Leben lang.

Schmerzen sind immer auch eine Möglichkeit, daraus zu lernen, daran zu wachsen und zu reifen. Ändern Sie Ihren Kurs und bauen Sie das, was funktioniert hat, weiter aus. Die positiven Emotionen helfen Ihnen dabei, Schmerzen leichter zu ertragen.

Wenn Sie auf dem Weg zum Ziel nicht weiterkommen, holen Sie sich professionelle Hilfe mit Tipps und Empfehlungen. Sie entscheiden jedoch selbst, welche Tipps Sie umsetzen wollen und können – und welche nicht. Im Berufsleben werden Mentoren gerne als „Erfolgsgeheimnis" vermarktet. Es ist sinnvoll, von erfahrenen Menschen zu lernen, die bereits dort angekommen sind, wo Sie selbst hin möchten.

Mich inspirieren Erfolgs-Geschichten, die das Leben schreibt. Das ist einer der Gründe, weshalb ich den Podcast „Mensch Otto" auf Bayern 3 höre. Wenn Sie sich die Lebensläufe dieser Menschen anhören, stellen Sie fest, dass der Erfolg nicht linear verläuft und höchst individuell ist. Aber alle Lebensläufe haben eine Gemeinsamkeit. Sie sind von Rückschlägen geprägt. Die Menschen sind zu Boden gegangen und mussten Schmerzen erdulden, um das zu erreichen, was sie wollten. Sie haben über den Schmerz für die Zukunft gelernt. Manchmal dauert das Wochen, Monate oder sogar Jahre. Diese Menschen waren emotional von ihrem Ziel so besessen, dass sie nicht aufgeben konnten. Und der Erfolg hat ihnen Recht gegeben.

Auch in der Natur sind Entwicklung und Wachstum immer mit Schmerzen verbunden. Aus einer Raupe wird ein Schmetterling, Frauen bekommen Kinder – und Babys? Sie bekommen Zähne und lernen laufen.

Konstruktiver Umgang mit Kritik

Wenn Sie richtig scharf kritisiert werden, dann bleiben Sie ruhig und hören Sie sich die Kritik erst einmal an. Auch wenn es Ihnen schwer fällt, fragen Sie nach: „Worauf genau bezieht sich Ihre Kritik?" oder „Was ist Ihr konkreter Wunsch an mich?" Wer nicht dazu fähig ist, Kritik inhaltlich präzise zu begründen, sollte Ihnen kein Kopfzerbrechen bereiten. Unterscheiden Sie auch, wer Kritik an Ihnen übt. Es macht einen Unterschied, ob Ihre Familie, Freunde oder wichtige Menschen in Ihrem Umfeld Sie kritisieren, ob Sie es selbst sind oder ob es sich um Personen handelt, die Ihnen ungefragt zurufen, was sie alles nicht so gut finden.

Im Rahmen einer Weiterbildung habe ich ein Seminar zum Thema „Streitkultur" mit Michel Friedmann besucht. Viele halten ihn für streitsüchtig, aggressiv und unhöflich. Ich habe ihn völlig anders wahrgenommen: Er ist sehr präzise, denkt scharf und traut sich, das Gespräch zu stoppen und kritisch nachzufragen. Das zwingt andere (und auch mich) dazu, klarer und intensiver über meine Sicht der Dinge nachzudenken. Und das fand ich großartig! Jede Art konstruktiver Kritik findet bei mir Gehör und Beachtung. Damit setze ich mich gerne auseinander. Vielleicht ist sie sogar angebracht, oder aber auch nicht. Doch das ist eine ganz andere Frage.

Was ist Erfolg?

Haben Sie sich zum Ziel durchgeboxt und den Ring als Sieger verlassen, haben Sie allen Grund zu feiern. Aber vergessen Sie dabei niemals, wem Sie den Erfolg zu verdanken haben. Denken Sie mehr als einmal über die nächste Zielsetzung nach. Menschen sind von gesellschaftlichen Erwartungen wie „höher, schneller, weiter" geprägt. Überstürzen Sie nichts, sondern gönnen Sie sich eine angemessene Regenerationsphase.

Es kann sein, dass Sie trotz großer Anstrengungen das Ziel verfehlen. Okay. Aber dann haben Sie die Gewissheit, dass Sie es versucht haben, es aber leider nicht funktioniert hat.

Ob Sieg oder Niederlage ein Erfolg ist, bleibt eine Frage der Definition. Es gibt keine allgemeine Definition für Erfolg. Für den einen ist es die berufliche Karriere oder ein spezieller Job mit Geld und Status. Ein anderer versteht unter Erfolg eine erfüllende Partnerschaft und das gute Gefühl, seine Kinder aufwachsen zu sehen. Erfolg kann auch ein Job sein, der den eigenen Stärken entspricht. Möglichst viel Selbstbestimmung und Freiheit, oder aber auch viel Freizeit zu haben, mögen wieder andere Menschen als ihren persönlichen Erfolg erklären. Auf den Punkt gebracht: Jeder definiert Erfolg anders und auf seine persönliche Art und Weise. Ich definiere Erfolg so: Erfolg folgt auf die Art zu denken, zu fühlen und zu handeln.

Zusammenfassung

Der Weg zum Ziel konfrontiert Sie auch mit unvorhergesehenen Rückschlägen, die Sie an den Rand des Aufgebens bringen Solange Sie noch eine Chance auf den Sieg haben, an sich glauben und von einem gesundheitlichen K.o. meilenweit entfernt sind, bleiben Sie dran und boxen Sie sich durch.

Wenn Sie aber feststellen, dass Sie keine Chance mehr haben, ist es besser aufzugeben. Auch diese vermeintliche Niederlage kann Sie stärken und später zu einem Sieg führen. Also bitte nicht vergessen: vorwärts leben, rückwärts verstehen.

Schmerz geht, Erfolg bleibt

Erfolg ist wie Boxen. Sie kassieren Rückschläge, setzen die eigene Gesundheit aufs Spiel und haben keine Garantie, dass Sie das Ziel auch erreichen. Aber genau das ist es doch, was den Job und das Privatleben spannend, abwechslungsreich und faszinierend macht. Auch wenn man nicht immer gewinnen wird, zählt doch die Einstellung: lieber kämpfend verlieren als nie etwas riskiert zu haben.

Mit der Faustformel für außergewöhnlichen Erfolg haben Sie ein Tool in der Hand, mit dem Sie die Risiken einer Niederlage minimieren und Ihre Gewinnchancen deutlich steigern können.

Übernehmen Sie Verantwortung, seien Sie aktiv und entwickeln Sie einen gesunden Egoismus. Stehen Sie zu sich, zu Ihrer Definition für Erfolg und zu Ihren Entscheidungen. Sie können es sowieso nicht allen Menschen recht machen. Verschwenden Sie also nicht Ihre Zeit und Energie darauf, was andere Menschen von Ihnen denken könnten.

Lassen Sie sich auch nicht einreden, dass Sie etwas nicht können oder dass Ihr Ziel unrealistisch ist. Trotz anfänglicher Skepsis glaube ich mittlerweile, dass Menschen alles erreichen können, was sie wollen und was in ihrem Einflussbereich liegt – nur nicht alles zur gleichen Zeit. Sie können keine Weltreise machen und zur gleichen Zeit jeden Tag zu Hause im Garten grillen. Die Karriere-Leiter werden Sie nicht nach oben klettern können, wenn Sie gerne den ganzen Tag zu Hause sein möchten. Also: *Was wollen Sie und warum?*

Trauen Sie sich mehr zu, fordern Sie sich heraus und stellen Sie sich Ihrer Angst. Wenn Sie die nächsten Jahresumsätze vorgeben, warum nicht mit einer Steigerung von 100 Prozent? Klingt unrealistisch, aber das soll es auch sein. Solche Ziele regen Kreativität und Denkvermögen an. Vielleicht ist diese Vorgabe bei näherer Betrachtung doch zu schaffen. Vielleicht gibt es Unternehmen einer anderen Branche, die solche Umsatzzahlen generiert haben. Nehmen Sie die Herausforderung an. Und wenn im Ergebnis „nur" 50 Prozent herauskommen, ist das doch eine beeindruckende Umsatzsteigerung, oder etwa nicht?

Trauen Sie sich, auch im Privatleben etwas komplett Neues zu beginnen, wenn Ihnen der Sinn danach steht! Nicht immer ergibt das auf Anhieb einen Sinn. Aber Sie erinnern sich: vorwärts leben, rückwärts verstehen.

Egal, wie Ihr Ziel auch aussieht – Sie werden Wochen, Monate oder sogar Jahre brauchen und müssen Ihre Kraft, Konzentration und Kondition gezielt einsetzen. Wie Wasser – geschmeidig, flexibel – und im richtigen Moment den Fokus erhöhen, um die richtigen Akzente zu setzen. Seien Sie sich sicher, dass Sie Rückschläge kassieren werden. Lassen Sie sich nicht von ersten möglichen Treffern einschüchtern. Verlassen Sie den Schutz der Ringecke. Nur dann finden Sie heraus, ob Sie als Sieger den Ring verlassen oder nicht. Fragen Sie sich: *Was ist für das Ziel zu tun?* Wenn Sie die einzelnen Schritte identifiziert haben, dann erinnern Sie sich an das Teegetier: *Tu es einfach. Ganz einfach.* Seien Sie konsequent, aber lassen Sie die „harten Bandagen" im Schrank.

Ein Ziel zu erreichen kostet Kraft, Konzentration und Kondition. Planen Sie regelmäßig Regenerationsphase und finden Sie heraus, *wie Sie am besten entspannen und auftanken können.*

Trotz aller Vorkehrungen im Vorfeld können Sie unerwartete Rückschläge nicht ausschließen. Diese Rückschläge bringen Sie an den Rand der Niederlage. Wenn Sie feststellen, dass der Kampf aussichtslos erscheint oder die Gesundheit ernsthaft gefährdet ist, dann werfen Sie das Handtuch. Kurzfristig sieht es so aus, als hätten Sie verloren, aber wer weiß, wozu es später hinführt. Wenn Sie zu früh aufgeben, bleibt der Schmerz ein Leben lang.

Christoph Teege, der einzige Superchamp im Quizboxen.
©Brainpool/WilliWeber

Solange Sie jedoch einen Funken Begeisterung in sich spüren, boxen Sie sich durch und kämpfen Sie für Ihren Erfolg. Sie müssen Schmerzen zwar noch Wochen, Monate und vielleicht noch Jahre ertragen, aber der Schmerz geht – der Erfolg hingegen bleibt!

Anhang

Über den Autor

Christoph Teege, Dipl.-Ing. (FH), (Jahrgang 1981, verheiratet, eine Tochter) ist Speaker (Redner) und Box-Coach. Der Schnell-Leser ist amtierender Weltmeister im Quizboxen, amtierender WBU Semipro Deutscher Meister im Boxen sowie Autor von mehreren Büchern / Buch-Beiträgen.

Er hatte im Abitur in Mathematik und Physik eine 5 - trotzdem studierte er Maschinenbau – erfolgreich und in der Regelstudienzeit. Alle rieten ihm ab, trotzdem kündigte er seinen gut bezahlten Job als Ingenieur, machte sich 2011 als SpeedReading-Trainer und Fitness-Coach selbstständig.

Er war bis 2008 Raucher und hatte keinerlei Erfahrung im Ausdauersport. Nach nur zwei Jahren Training finishte er den Ironman (3,8 Kilometer Schwimmen 180 Kilometer Radfahren, 42 Kilometer Marathon) – es war zugleich sein erster Triathlon überhaupt.

Mit gerade einmal eineinhalb Jahren Fitness-Box-Erfahrung nahm Christoph Teege 2012 am Casting für das „TV Total Quizboxen" teil – und wurde genommen. Er absolvierte beim Quizboxen seine ersten Boxkämpfe. Er behielt in den Live-Shows vor einem Millionen-Publikum die Nerven und gewann als einziger Kandidat alle fünf Kämpfe. Er ist der amtierende Quizbox-Weltmeister.

Im Mai 2015 kämpfte Christoph Teege um die WBU Semipro Deutsche Meisterschaft – und gewann. Er ist amtierender WBU Semipro Deutscher Meister im Boxen.

Heute unterstützt er mit seiner Faustformel für außergewöhnlichen Erfolg Unternehmen, Fach- und Führungskräfte sowie Privatpersonen dabei,

- einen gesundheitlichen K.o. zu vermeiden,
- gelassener mit Rückschlägen umzugehen,
- die mentale und körperliche Schlagkraft zu steigern,

damit diese Leistungsträger als Sieger den Ring verlassen.

Kontakt:

Christoph Teege
Bildung trifft Boxen
Zingel 35
31134 Hildesheim

Tel.: 05121 – 92 75 192

www.Christoph-Teege.de

mail@Christoph-Teege.de

Vortrag

Schmerz geht, Erfolg bleibt

Warum "harte Bandagen" langfristig nicht zum Erfolg führen und was Sie trotzdem von Boxern lernen können

In der heutigen Zeit voller Komplexität, Dynamik und Veränderungen müssen Sie sich ständig gegen „Angriffe" des Alltags behaupten, um Ihr Ziel zu erreichen. Dazu braucht es Kraft, Köpfchen und vor allem die Fähigkeit trotz Rückschlägen fokussiert und konzentriert weiter zu arbeiten.

In seinem Vortrag präsentiert Christoph Tege anschaulich die *Faustformel für außergewöhnlichen Erfolg* und gibt jedem Zuhörer schlagkräftige Argumente zum Aufstehen, Anfangen und Umsetzen.

Vortrag

Schneller lesen, mehr behalten

Wie Sie Ihre Lesegeschwindigkeit bei gleichem Textverständnis verdoppeln oder verdreifachen können

Die Informationsgesellschaft bringt uns immer wieder an die Grenzen unserer Kapazität. In Alltag und Beruf müssen wir in immer kürzerer Zeit immer mehr Informationen aufnehmen. Ohne die richtigen Werkzeuge und Fähigkeiten sorgt das für zeitmangel und Stress. In diese Vortrag geht es um Speed Reading, eine Arbeitstechnik zur persönlichen Informationsverarbeitung.

Es hilft dabei, schnell und klar aus den vorhandenen Informationen zu selektieren, trotzdem die Kerninformationen richtig zu verarbeiten und sich die Inhalte zu merken.

Sparring

Ziele setzen, mentale und körperliche Grenzen überwinden und außergewöhnlichen Erfolg erreichen – das ist das Ziel des Sparrings.

Personal Championship

Sparring (engl. auseinandersetzen) kommt aus dem Boxsport und bedeutet eine besondere Form des Trainings. Ein realer Wettkampf wird mit dem Ziel simuliert, Stärken und Schwächen aufzudecken. Das Sparring ist üblich für die Vorbereitung auf neue, schwierigere Aufgaben.

Sparringspartner sind Wegbegleiter und Trainingspartner auf Augenhöhe. Sie brauchen einen Sparringspartner, der Sie versteht. Einer, der genau so denkt und tickt wie Sie. Einer, der weiß, wie es sich anfühlt, außergewöhnliche Ziele zu erreichen. Sie brauchen einen, der direkt auf den Punkt kommt und sagt, was los ist und gleich mit Ihnen beginnt, Ihr Ziel realistisch zu betrachten.

Wenn Sie ein Ziel im Kopf haben, dann fangen Sie an – aber bitte nicht mit blindem Aktionismus. Jedes Ziel ist riskant und die Gefahr des Scheiterns ist groß. Spott und Häme sind die Folge: „Hab ich doch gleich gesagt, dass du das nicht schaffst!", tönt es dann aus Ihrem Umfeld. Ein Ziel muss gut vorbereitet sein und konsequent umgesetzt werden. Die ersten Rückschläge dürfen keinesfalls dazu führen, dass Sie frustriert alles hinschmeißen. Wenn ein Boxer in den Ring steigt, will er gewinnen und als Sieger aus dem Ring gehen – genau diese Einstellung bringt Christoph Teege als Sparringspartner mit. Sein Ziel ist Ihr Erfolg.